Maria Montessori

Das Geheimnis der Kindheit
Teil 1

Maria Montessori

Das Geheimnis der Kindheit

Teil 1

Neu übersetzt auf Basis des Textes von 1950
und mit einem Vor- und Nachwort
versehen von Cordula Scheel

PERLEN DER LITERATUR, BAND 25
Herausgegeben von Ralf Plenz

Input-Verlag, Hamburg

Bibliografische Information der Deutschen Nationalbibliothek:
Die Deutsche Nationalbibliothek verzeichnet diese Publikation in der Deutschen Nationalbibliografie; detaillierte bibliografische Daten sind im Internet über http://dnb.dnb.de abrufbar.

Die Originalausgabe „Il Segreto dell'Infanzia" erschien 1950 im Verlag Garzanti, Mailand.
Eine erste deutsche Übersetzung von Percy Eckstein und Ulrich Weber, bearbeitet von Helene Helming, wurde im Verlag Ernst Klett, Stuttgart 1952, unter dem Titel „Kinder sind anders" veröffentlicht.

Diese neue Übersetzung berücksichtigt den modernen Sprachgebrauch.

Maria Montessori
Das Geheimnis der Kindheit, Teil 1
Neu übersetzt und mit einem Vorwort versehen
von Cordula Scheel
Perlen der Literatur, Band 25

Verlag: Input-Verlag, Schmarjestr. 42, 22767 Hamburg
Tel.: 040/60 92 26 04
Internet: www.input-verlag.de · E-Mail: info@input-verlag.de
Facebook, Instagram: @perlenbibliothek
ISBN 978-3-941905-59-7

Fotos, Bildbearbeitung, Scans, Satz und Layout:
Ralf Plenz, Input-Verlag, Hamburg
Schrift: Stone Serif ITC Pro in diversen Schnitten auf
Apple Macintosh
Lektorat: Kira Böhm
Papier: Munken Premium Cream, Druck: www.jt.lv
Coverdesign, Vorsatzpapier und Kalligraphie: Ralf Plenz

Zum Geleit

Welchen Traum schuldest du dir?

QUINT BUCHHOLZ

Vorwort

MARIA MONTESSORI? Ja, natürlich! Maria Montessori ist wohlbekannt, sie wird bewundert und verehrt. Ihre Überzeugung, das Kind als Lehrmeister, als schicksalhaft für unsere Zukunft zu erkennen, hat die Stellung des Kindes innerhalb der Gesellschaft revolutioniert und zu einem Umdenken in der Erziehung des Kindes geführt. Gegenwärtig gibt es allein in Deutschland etwa 600 Montessori-Kitas und 400 Montessori-Schulen, weltweit wird ihre Pädagogik in rund 40.000 Schulen gelehrt. Maria Montessoris Name ist damit zum Synonym einer der führenden Bewegungen in der Kindererziehung überhaupt geworden.

Wie können wir uns dieser bedeutenden Frau und ihrem vorliegendem Werk „Il Segreto dell'Infanzia"* nähern? In aller Bescheidenheit sollten wir ihrer Bereitschaft folgen, dem Kind zuzuhören, seine Äußerungen ernst zu nehmen, in der Gewissheit: „Kein Schweigen ist fruchtbarer als das Zuhören."** Treten wir hinter das Kind zurück, lernen wir.

* *Il Segreto dell'Infanzia,* Garzanti editore, Mailand 1950. Basis dieses Buches ist eine Erstveröffentlichung von 1938. Das nachfolgende Vorwort von Maria Montessori dieser Ausgabe ist ebenfalls von 1938.

Maria Montessori spricht vom Geheimnis der Kindheit, überschreibt das erste Kapitel mit dem umfassenden Titel „Das Jahrhundert des Kindes“. Sie geht zurück auf die jämmerliche Situation der Kinder in früheren Jahrhunderten, auf ihre eigenen ersten wissenschaftlichen Untersuchungen als Ärztin und Psychologin, die schon früh zu der Erkenntnis führten, dass das Kind in seiner Psyche bereits das Geheimnis unserer wahren menschlichen Natur in sich trägt. Es gilt diese zu bewahren, das Kind zu unterstützen, damit sich seine Seele entfalten kann. Maria Montessori lässt uns teilhaben an den Rückschlägen, den Widerständen gerade von wissenschaftlicher Seite, die sich auf antike Überzeugungen bis zurück zu Sokrates stützen. Diese gehen davon aus, ein Kind werde gleichsam als leere Hülle geboren, die es von den Personen seiner Umwelt philosophisch-ethisch zu füllen gilt, damit es sich überhaupt zu einem Menschen entwickeln kann. Liebe und Anerkennung gibt es hauptsächlich als Belohnung für gehorsame Anpassung.

Maria Montessori setzt sich im Gegensatz dazu leidenschaftlich für eine Erziehung ein, die auf der entscheidenden Bedeutung der Psyche fußt. Dies ist der Ort, wo die Liebe des Kindes spätestens von seiner Geburt an schlummert. Diese Liebesfähigkeit

** Elazar Benyoëtz, *Fraglicht Aphorismen 1977–2007,* Braumüller Literaturverlag, Wien 2010.

ist angewiesen auf die Zuneigung und das Vertrauen der Umwelt, um zu wachsen und sich entfalten zu können, damit Liebe das Kind durch sein Leben trägt.

In einer älteren Übersetzung hieß der Buchtitel interessanterweise „Kinder sind anders"*. Maria Montessoris Buch „Das Geheimnis der Kindheit" ist ein Plädoyer für die Liebe zum Kind.

Hier wird der erste Teil in moderner, empathischer Übersetzung vorgelegt. Dicht am ursprünglichen, teils nüchternen Text orientiert, ist „Das Geheimnis der Kindheit" für uns heutige Leser auch ohne Vorkenntnisse eine anregende Lektüre.

CORDULA SCHEEL

* Maria Montessori, *Kinder sind anders,* Ernst Klett Verlag, Stuttgart 1952.

** Um den Lesefluss nicht zu beeinträchtigen, haben wir uns gegen das Gendern entschieden. Die weiblichen Entsprechungen sind aber (wo sinnvoll) ausdrücklich mitgemeint.

Zur Buchreihe

Die vorliegende Buchreihe PERLEN DER LITERATUR beschreitet Neuland. Hier werden nur Titel wiederveröffentlicht, die bereits im 19. oder 20. Jahrhundert in Europa erschienen sind und zeitweise sehr erfolgreich waren oder sprachliche Besonderheiten aufweisen und auf jeden Fall richtungsweisend wirkten. Oft waren diese Bücher über viele Jahre nicht lieferbar. Daher: wiederentdeckte PERLEN.

Zur Auswahl befragen wir Germanisten**, Anglisten und Romanisten, Buchhändler, Bibliothekare, Psychologen und Vielleser. In einem kleinen Beirat werden die in Frage kommenden Titel gesichtet und bewertet. Wir arbeiten gerne mit Lese- und Literaturkreisen zusammen und wollen allen Lesern das Bestmögliche bieten:

- Ausstattung mit Fadenheftung und Leineneinband
- Jeder Band in einer anderen Typographie mit von einem Designer gestaltetem Vorsatzpapier
- Kalligraphische Elemente als Leseanreiz
- Einheitlich günstiger Ladenpreis trotz eines Buchumfangs zwischen 160 und 400 Seiten
- Die gefaltete Bauchbinde dient dem Leser als Lesezeichen und enthält auf der Innenseite weitere Informationen zur Reihe PERLEN DER LITERATUR

Genießen Sie diesen empathisch neu übersetzten und frisch aufbereiteten richtungsweisenden Text.

RALF PLENZ
Herausgeber

Maria Montessori

Vorwort [von 1938]

Die Kindheit – Eine soziale Frage

SCHON SEIT EINIGEN JAHREN ist eine soziale Bewegung entstanden, die die Bedeutung der Kindheit für die Entwicklung des Menschen untersucht. Sie beruht nicht auf Einzelinitiativen. Wie bei allen bedeutenden Entwicklungsschritten könnten wir eher an das Bild einer Vulkanlandschaft denken, in der hier und dort schon vereinzelt Feuer aufflackern, bevor es zur umfassenden Eruption kommt. Ohne Frage verdanken wir es wissenschaftlichen Erkenntnissen, dass die soziale Struktur der Kindheit überhaupt infrage gestellt wurde. Zum einen war erkannt worden, dass die hohe Kindersterblichkeit entscheidend auf fehlenden Hygienemaßnahmen beruhte und dass diese unzureichende Hygiene sich auch in der Schulzeit fortsetzte.

Zum anderen war in der Öffentlichkeit nicht mehr zu übersehen, welchem unkontrollierten Martyrium die Kinder durch fortlaufende schwere Bestrafungen in den öffentlichen Schulen ausgesetzt waren. Eine unglückliche Kindheit war die Folge dieser Situation. Nicht nur wurde die seelische und geistige Entwicklung der Kinder dadurch eher

verhindert als gefördert, sondern führte diese Realität auch zu körperlichen Schäden: so etwa zu krummem Rücken, eingefallenem Brustkorb und zur Anfälligkeit für Tuberkulose. Mit der Schulzeit endete gleichzeitig die Kindheit, ohne dass die Kinder auf die Härten des anschließenden Arbeiterlebens in irgendeiner Weise vorbereitet waren. Eine Verelendung war vorgezeichnet.

30 Jahre intensiver Studien zeichnen uns heute das Bild eines bereits von der Gesellschaft verbogenen jungen Menschen. Früh angelegt durch diejenigen, die ihm das Leben gegeben haben und ihn schützen müssten. Was also bedeutet Kindheit? Die Erwachsenen, ständig übermüdet vom Arbeitsleben, das immer aufreibender wird, empfinden ihre Kinder als lästige Störung. Es fehlt an Platz für sie in den engen Häusern der Stadt, in denen die Familien zusammengepfercht leben. Raum zum Spielen bleibt für sie weder auf den Straßen, auf denen der Verkehr zugenommen hat, noch auf den Fußwegen inmitten der vorbeihastenden Menschen. Hinzu kommt, dass die Eltern kaum noch Zeit für ihre Kinder finden. Beide, Vater und Mutter, sind unter dem Druck der Verhältnisse gezwungen zu arbeiten. Arbeitslosigkeit würde unweigerlich zur Verelendung der Familie führen. Leider sieht es auch bei finanziell besseren und besten äußeren Bedingungen für ein Kind nicht gut aus: Es bleibt auf sein Zimmer beschränkt, wird fremden bezahlten Kräften anvertraut und darf unaufgefordert nicht zu den Eltern in den anderen Teil des

Hauses. Ein altersgemäßer Rückzugsort fehlt ihm völlig. Im Gegenteil, immer hat das Kind artig zu sein, zu schweigen und die Finger von den Sachen der Erwachsenen zu lassen. Was ihm gehört? Nichts! Noch vor wenigen Jahrzehnten gab es nicht einmal Stühle für Kinder. Für sie war in der Erwachsenenwelt einfach kein Platz vorgesehen. Allenfalls konnte irgendjemand sie hochnehmen und auf seine Knie setzen. Daher kommt die Redensart, die heute nur noch metaphorische Bedeutung hat: „Ich habe dich auf meine Knie gesetzt."* So sieht die Situation aus, in welcher sich das Kind im Umfeld eines Erwachsenen befindet: Es stört und sucht vergeblich etwas, das zu ihm gehört. Kaum erscheint es irgendwo, wird es schon zurückgestoßen. Seine Lage ähnelt der eines Menschen ohne gesetzliche Rechte und ohne eigenen Lebensraum. Es ist reduziert auf ein Leben am Rande der Gesellschaft. Jeder Erwachsene sieht es als sein naturgegebenes Recht an, ein Kind respektlos zu behandeln, es zu beleidigen und zu bestrafen. Wir stehen vor dem psychischen Phänomen, dass die Erwachsenen sich sogar schämen, ihren Kindern innerhalb der sozialen Ordnung ein angemessenes Leben zu verschaffen. Eher überlassen sie ihre eigenen Erben ohne gesetzlichen Schutz oder Überwachung den oft tyrannischen Instinkten, die im Herzen eines jeden erwachsenen Menschen

* Im italienischen Original: „Ti ho tenuto sulle ginocchia."

verborgen sind. So sieht es gegenwärtig aus, so verhalten wir uns gegenüber unseren eigenen Kindern, die mit neuen Energien, mit dem Atem der Erneuerung auf die Welt kommen, um den Giftmüll der von Generation zu Generation weitergetragenen Irrtümer zu beseitigen.

Nun ist jedoch plötzlich in der wohl seit Urzeiten blinden, unsensiblen Gesellschaft ein neues Bewusstsein entstanden. Die fehlende Hygiene hatte seit jeher eine Unzahl an Opfern durch Kindersterblichkeit im ersten Lebensjahr verursacht. Diese kritische Zeitspanne mithilfe konsequenter hygienischer Maßnahmen zu überleben, war mit der Errettung aus der Sintflut zu vergleichen. Die Säuglingssterblichkeit hatte drastisch abgenommen. Sehr viel mehr Kinder überlebten. Als sich diese Erkenntnis Anfang des 20. Jahrhunderts allmählich auch in den unteren Gesellschaftsschichten durchsetzte, gewannen Kinder eine höhere soziale Bedeutung. Dementsprechend veränderten sich die Erziehungsmethoden an den Schulen, die kurz vorher noch aus dem vorigen Jahrhundert zu stammen schienen. Endlich wurde Kindern in Schulen und Familien mit Wohlwollen und Toleranz begegnet.

Aufgrund dieser Erkenntnisse und Überzeugungen befassen sich heute viele Reformbestrebungen und gefühlsbedingte Initiativen mit der Kindheit. Urbane Erschließungspläne berücksichtigen nun den Bau von Kindergärten, von Spielflächen auf öffentlichen Plätzen und in Parks.

Kleine Kindertheater entstehen, Bücher und Zeitschriften für Kinder erscheinen. Erste Reisen werden für sie organisiert und endlich gibt es spezielle Kindermöbel. Gleichzeitig entwickelten sich soziale Organisationen, die Wert auf ein Klassenbewusstsein legen und darauf, dass ein diszipliniertes Verhalten aller die Würde des Einzelnen stärkt. Organisationen wie die Pfadfinder und die sogenannten Kinderrepubliken entstanden.

In unserer Zeit versuchen umstürzlerische politische Erneuerer sich der Kindheit zu bemächtigen in der unerbittlichen Absicht, aus den Kindern ein gehorsames Instrument ihrer eigenen Pläne zu machen. Auf vielen Gebieten bleibt die Debatte über die Bedeutung der Kindheit als soziales Element im Gespräch, sie wird allerdings nicht immer zum Wohl des Kindes geführt. Als eigenständige Persönlichkeit aber hat das Kind endgültig die soziale Welt erobert. Es ist nicht länger nur irgendein Familienmitglied, das in Sonntagskleidern brav an der Hand des Vaters spazieren gehen darf und gescholten wird, wenn es sich schmutzig macht.

Gegenwärtig ist jede fortschrittliche Bewegung von Bedeutung, unabhängig davon, ob sie von Einzelinitiativen oder Organisationen ausgeht. Endlich ist die Stunde der Kindheit gekommen, ihre gerechte soziale Einordnung ist dringend erforderlich. Denn gerade die Kinder sind für die Gesellschaft, für das bürgerliche Leben, ja, für die ganze Menschheit von größter Bedeutung. Zwar haben

die sporadischen Initiativen keine konstruktiven Verbindungen untereinander, sie sind aber ein Indiz dafür, dass es einen realen universellen Impuls für eine große soziale Reform gibt, dass eine neue Zeit beginnt: eine neue bürgerliche Ära. Wir können uns als die letzten Überlebenden einer bereits vergangenen Epoche betrachten, in der es den Erwachsenen einzig und allein darum ging, sich in ihrem bequemen Leben nicht durch die Kinder stören zu lassen.

Heute stehen wir an der Schwelle einer Zeit, in der die Rechte der Kinder in gleicher Weise berücksichtigt werden müssen wie die der Erwachsenen. Machen wir uns endlich auf den Weg, um in dieser Gesellschaft anzukommen! Jetzt ist es wichtig, nicht aus äußerer Distanz und nach objektiven Kriterien über das Wohl der Kinder zu entscheiden. Das wäre zum Beispiel der Fall, wenn schon bestehende öffentliche und private Initiativen weiterentwickelt würden. Wir jedoch wissen, dass unsere Kinder im allerinnersten Kern der Gesellschaft verwurzelt sind. Wir müssen uns darüber klar sein und berücksichtigen, dass das Kind naturgemäß von innen heraus lebt und dass es der wichtigste Baustein für die Entwicklung des zukünftigen Erwachsenen ist.

Erforschen wir also angesichts dieser Tatsache unser Gewissen, ändern wir unser Verhalten. Wir haben gelernt: Die positiven und negativen Seiten des reifen Menschen sind eng mit seinen Erfahrungen in der Kindheit verbunden. Unsere unausrottbaren Irrtümer und Meinungen gehen alle auf die

Kindheit zurück. Wir Erwachsenen können darüber sterben, unsere Kinder aber müssen ihr Leben lang unter den Konsequenzen dieser Deformationen leiden. Ein ewiger, ein böser Kreislauf, ein circulus vitiosus [Teufelskreis].

So bedeutet die Tatsache, ein Kind anzurühren, es zu schlagen, dass dadurch der sensibelste Punkt eines lange gewachsenen Ganzen geschädigt wird, unvorhersehbar bis in die Zukunft hinein. Sich an einem Kind zu vergreifen, bedeutet, die zarteste Vitalität anzugreifen, den Urquell des Lebens selbst, in dem sich alles entscheiden und erneuern kann. Dieser sensibelste Punkt umschließt die Geheimnisse der Seele. Hier vollzieht sich die Entwicklung zum Menschen.

Stellen wir uns ehrlich in den Dienst einer ungestörten Kindheit und hoffen wir ganz bewusst und von ganzem Herzen auf das Wunder ihrer Rettung, dann könnte es uns auch gelingen, das Geheimnis der Menschwerdung zu entschlüsseln, so, wie wir schon so manches Geheimnis der Natur entdeckt haben. Bisher wird die Kindheit im sozialen Verständnis gern mit einer kleinen Pflanze verglichen: zart und noch in ihrer verlockenden Frische. Es zeigt sich jedoch, das Pflänzchen ist äußert schwer auszureißen. Tief müssen wir graben, sehr tief, um zu entdecken, dass seine Wurzeln sich tatsächlich in alle Richtungen wie ein unterirdisches Labyrinth ausbreiten. Wollten wir diese Pflanze

entwurzeln, könnte die gesamte Erde nicht wie bisher fortbestehen, sie müsste neu erschaffen werden.

Diese Wurzeln sind das Symbol für das Unterbewusstsein unserer Menschheitsgeschichte. Um die Kindheit zu verstehen und der Intuition des Kindes gerecht zu werden, müssten die starren Formen, die sich im Geist des erwachsenen Menschen herauskristallisiert haben und die es ihm unmöglich machen, sich vom intuitiven Wissen einer kindlichen Seele leiten zu lassen, aufgelöst werden.

Die unfassbare Blindheit des Erwachsenen, die fehlende Sensibilität gegenüber seinen Kindern als Folge seiner eigenen Lebenserfahrungen sind seit Generationen fest verankert. Der Erwachsene, der seine Kinder zwar liebt, sie aber wegen ihrer sozialen Stellung unbewusst verachtet, bewirkt in ihnen einen tiefen Schmerz, der die Irrtümer und weltweit unerkannten Konflikte zwischen Erwachsenen und Kindern widerspiegelt. Das Geheimnis der Kindheit lässt uns die Gesetze der menschlichen Entwicklung erahnen. Als Konsequenz verlangt es von uns, unserem sozialen Leben eine völlig neue Orientierung zu geben.

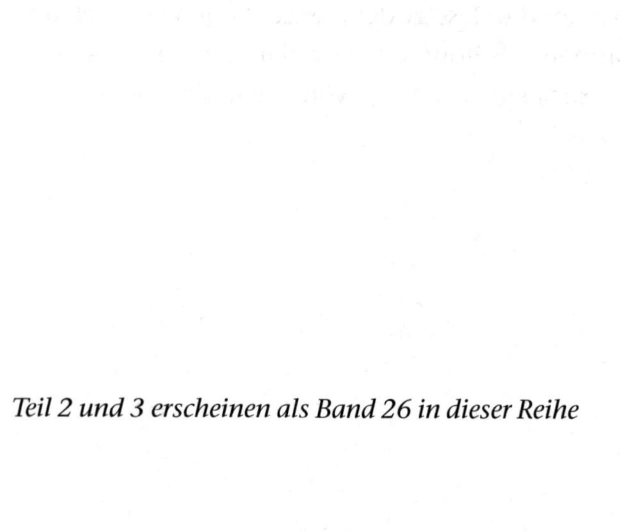

Teil 2 und 3 erscheinen als Band 26 in dieser Reihe

Erster Teil

[von 1950]

1. Das Jahrhundert des Kindes

Der in wenigen Jahren erreichte Fortschritt in der Kinderfürsorge und Kindererziehung ist so schnell und unerwartet geschehen, dass er nicht nur auf die Verbesserung lebenserhaltender Hilfsmittel zurückgeführt werden kann, sondern eher auf das Erwachen des sozialen Gewissens. Nach dem entscheidenden Durchbruch in der Säuglingshygiene im letzten Jahrzehnt des 19. Jahrhunderts erlangte unter den neuen Gesichtspunkten vor allem die Persönlichkeit des Kindes höchste Bedeutung.

Heute ist es unmöglich, sich mit irgendeinem Gebiet der Medizin, der Philosophie oder auch der Soziologie eingehender zu befassen, ohne dieses Wissen über das Leben des Kindes zu berücksichtigen.

Seine Bedeutung könnten wir in etwa mit dem Einfluss der Erkenntnisse in der Embryologie auf den gesamten Bereich der Biologie gleichsetzen, bis hin zur Evolution der Lebewesen. Im Fall des Kindes jedoch haben diese Gesichtspunkte einen sehr viel größeren Einfluss auf die Menschheit überhaupt.

Nicht das physische Kind wird den ausschlaggebenden Anstoß zu einem besseren Charakter des

Menschen geben können, sondern das psychische Kind. Von *der geistigen Kraft des Kindes* könnte wirklich die Weiterentwicklung des Menschen abhängen und, wer weiß, der Beginn einer neuen Zivilisation.

Bereits die schwedische Schriftstellerin und Dichterin Ellen Key hatte prophezeit, unser Jahrhundert werde das Jahrhundert des Kindes sein.* Wer die Geduld aufbrächte, historische Dokumente zu studieren, werde außergewöhnliche Übereinstimmungen mit der 1900 gehaltenen Krönungsrede von Vittorio Emanuele III. finden, der seinem ermordeten Vater auf den Thron Italiens folgte. Unmittelbar an der Schwelle zum neuen Jahrhundert definierte er es als „das Jahrhundert der Kindheit".

Sehr wahrscheinlich waren diese gleichsam leuchtenden Prophezeiungen der Widerschein der wissenschaftlichen Forschungsergebnisse im letzten Jahrzehnt des 19. Jahrhunderts. Sie hatten die Leiden eines Kindes aufgezeigt, das zehnmal stärker als ein Erwachsener vom Tod durch Infektionskrankheiten bedroht war und das anschließend wahre Torturen in der Schule erleiden musste.

Niemand jedoch ahnte oder sah voraus, dass das Kind tief in sich ein Geheimnis des Lebens bewahren könnte, das die Mysterien der menschlichen

* Ellen Key, *Das Jahrhundert des Kindes,* S. Fischer, Berlin 1902; schwedisches Original 1900; Rezension u.a. von Rainer Maria Rilke.

Seele zu entschleiern vermag, dass es eine ihm selbst unbewusste Möglichkeit in sich trüge, den Erwachsenen von seinen individuellen und sozialen Problemen zu erlösen. Dieser Gesichtspunkt kann das Fundament für eine neue Wissenschaft zur Erforschung der Kindheit bilden. Ihre Bedeutung wird das gesamte soziale Leben der Menschen beeinflussen können.

Die Psychoanalyse und das Kind

Als die Psychoanalyse in die Geheimnisse des Unterbewusstseins eindrang, hat sie ein weites Feld für bis zu diesem Zeitpunkt unbekannte Untersuchungen erschlossen. Trotzdem, noch hat sie keines der drängenden Probleme des praktischen Lebens lösen können. Sie kann jedoch zum Verständnis beitragen, welche Möglichkeiten im verborgenen Kind schlummern.

Man kann sagen, die Psychoanalyse hat den Schutzwall des Bewusstseins überwunden, der in der Psychologie als uneinnehmbar gegolten hatte, ähnlich den Säulen des Herkules, hinter denen der Aberglaube in der Antike das räumliche Ende der Welt vermutet hatte.

Die Psychologie ist darüber hinausgegangen. Sie ist in den Ozean des Unterbewusstseins vorgedrungen. Ohne diese Entdeckung wäre der Nachweis schwierig gewesen, wie stark das Seelenleben des Kindes zu einem vertieften Studium der menschlichen Probleme geführt hat.

Es ist bekannt, dass die spätere Psychoanalyse zunächst nur eine neue Technik zur Behandlung psychischer Krankheiten war. Sie hat als Sonderbereich der Medizin begonnen. Ein wichtiger, geradezu strahlender Beitrag der Psychoanalyse war die Erkenntnis, welche große Rolle das Unterbewusstsein für das menschliche Handeln spielt: dass die Seele unsere Reaktionen stärker beeinflusst als das Bewusstsein. Verborgene Tatsachen kamen ans Licht, unvermutete Realitäten. Sie stellten die alten Überzeugungen völlig auf den Kopf, indem sie die Existenz einer ungeheuer ausgedehnten, unbekannten Welt enthüllten, mit der das Schicksal des Einzelnen verbunden ist. Trotzdem war man dieser Welt, obgleich man sie beschrieb, noch nicht näher gekommen. Kaum war man über die Säulen des Herkules hinausgelangt, hatte man sich nicht in die Weiten des Ozeans gewagt. Eine Suggestion, eine mit dem griechischen Aberglauben vergleichbare Vorstellung, hielt zum Beispiel Sigmund Freud zurück, über die pathologischen Grenzen einer Erkrankung praktisch niemals hinauszugehen.

Schon zu Zeiten des französischen Arztes und Neurologen Jean-Martin Charcot (1825–1893) war das Unterbewusstsein im vergangenen Jahrhundert innerhalb der Psychiatrie in Erscheinung getreten.

Fast wie eine innere Eruption aufgewühlter Elemente, die sich durch die Oberfläche hindurch einen Weg bahnen, ist auch das Unterbewusstsein in außergewöhnlichen Fällen, etwa bei schwersten

*Kaum war man
über die Säulen des Herkules
hinausgelangt,
hatte man sich nicht
in die Weiten des Ozeans
gewagt.*

psychischen Erkrankungen, in der Lage, sich zu manifestieren, erkennbar zu werden. Allerdings wurden diese seltsamen Phänomene, ganz im Gegensatz zu den Erscheinungsbildern des Bewusstseins, einfach als Krankheitssymptome abgetan. Freud machte das Gegenteil: Er fand einen Weg, mithilfe einer mühevollen Technik in das Unterbewusstsein vorzudringen. Aber auch er beschränkte sich fast ausschließlich auf das Gebiet der Krankheiten. Denn welcher normale Mensch würde sich den nach seiner Meinung mühsamen Untersuchungen der Psychoanalyse unterziehen wollen? Das heißt, einer Art operativen Eingriffs in die Seele? Freud leitete aus der Behandlung seiner Kranken seine eigenen psychologischen Schlüsse ab: Damit waren es auch

seine persönlichen, unter diesen einseitigen Bedingungen gewonnenen Erkenntnisse, die der neuen Psychologie Gestalt gaben. Freud konnte sich den Ozean vorstellen, aber er erkundete ihn nicht, er schreckte zurück vor der stürmischen Meerenge.

Aus diesen Gründen konnte auf Freuds Theorien nicht zufriedenstellend zurückgegriffen werden, und noch weniger auf die Art, wie er seine Patienten behandelte. Sie trug nicht immer zur Heilung der „Krankheiten der Seele“ bei. Das gab den Vertretern der sozialen Traditionen mit ihren veralteten Erfahrungen ihrer Meinung nach das Recht, eine Barriere gegen einige Verallgemeinerungen der Freudschen Theorien zu errichten. Dabei hätte im Gegenteil die neue, erhellende Wahrheit die alten Traditionen vom Sockel stürzen müssen. Aber vielleicht bedarf es zur Erforschung dieser immensen Wirklichkeit weit mehr als nur der Technik einer klinischen Behandlung oder einer vorerst auf Deduktionen beruhenden Theorie.

Das Geheimnis des Kindes

Verschiedene wissenschaftliche Richtungen mit unterschiedlichen Ansätzen und Konzepten haben es sich zur Aufgabe gemacht, in das weite, unerforschte Feld der Menschwerdung einzudringen, zurückzugehen bis zum Ursprung des Menschen: Sie wollen den Einfluss entschlüsseln, den das Umfeld mit seinen Konflikten auf die kindliche Seele

nimmt, und aufklären, in welchem Ausmaß die Seele des Menschen durch dramatische und tragische Kämpfe geschädigt wird, sodass ihre leuchtende Energie sich abschwächt.

An diesem Geheimnis hatte bereits die Psychoanalyse gerührt. Ihr war mit ihrer speziellen Technik eine der beeindruckendsten Entdeckungen gelungen, nämlich dass Psychosen ihren Ursprung in der weit zurückliegenden Kindheit haben. Die aus dem Unterbewusstsein aufsteigenden Erinnerungen legten bisher unbekannte Seelenschmerzen des Kindes bloß. Diese unerwarteten Ergebnisse widersprachen so stark der herrschenden Meinung, dass sie zum eindrucksvollsten und bewegendsten Teil der Psychoanalyse und ihrer Enthüllungen wurden. Die Schmerzen waren rein seelischer Natur, sie wuchsen langsam und unablässig und konnten, äußerlich völlig unbemerkt, zu einer psychisch kranken Seele des Erwachsenen führen. Entscheidend hierfür war die *Unterdrückung* der spontanen kindlichen Aktivität durch den Erwachsenen. Nun hat den größten Einfluss auf das Kind naturgemäß seine Mutter: Sie ist der Erwachsene, der ihm normalerweise am nächsten steht.

An dieser Stelle sind folgende zwei Untersuchungen im Rahmen der Psychoanalyse klar zu unterscheiden: Die eine befasst sich mit den eher oberflächlichen Verletzungen, wenn der Instinkt des Einzelnen auf eine Umwelt trifft, der er sich anpassen muss. Diese Konflikte sind heilbar, es ist

generell möglich, sich der zugrundeliegenden Störfaktoren bewusst zu werden. Auf einer anderen tieferen Ebene liegen die kindlichen Erinnerungen, bei denen der Konflikt nicht auf dem aktuellen sozialen Umfeld des Menschen beruht, sondern auf dem Verhältnis zwischen Mutter und Kind, ganz allgemein zwischen Kind und Erwachsenem.

Letzterer berührt die nur schwer heilbaren Krankheiten. Sie sind psychoanalytisch noch kaum behandelt worden, sondern bleiben vorerst beschränkt auf eine Anamnese und auf die vermuteten Krankheitsgründe.

Bei allen, auch körperlichen Krankheiten wird die Bedeutung der im Kindesalter liegenden Vorfälle anerkannt. Sie sind die schwersten und kaum heilbaren Erkrankungen. Man kann also sagen, in der Kindheit wird der Grundstein für spätere Anfälligkeiten gelegt.

Während aber die Erkennung der physischen Krankheiten bereits zur Entwicklung verschiedener wissenschaftlicher Fachgebiete geführt hat, etwa der Hygiene im Kindesalter, der Säuglings- und Kinderpflege bis hin zur Eugenik [Erbgesundheitslehre], und eine praktische soziale Reformbewegung zur physischen Stärkung des Kindes entstanden ist, wurden die Erkenntnisse der Psychoanalyse noch nicht berücksichtigt. Die Feststellung, dass die schweren Psychosen des Erwachsenen und seine Konflikte mit der Außenwelt ihre Ursachen in der Kindheit haben,

bewirkten im täglichen Leben des Kindes praktisch noch keine positiven Veränderungen.

Ein Grund hierfür kann die ganz bestimmte, besondere Vorgehensweise der Psychoanalyse zur Erforschung des Unterbewusstseins sein. Dabei hat sich gezeigt, dass dieselbe Technik, die beim Erwachsenen zu guten Ergebnissen geführt hat, beim Kind zu einem Störfaktor geworden ist. Das Kind soll seine Kindheit nicht erinnern: Es selbst ist die Kindheit. Es sollte eher beobachtet, als ausgeforscht werden. Beobachtet allerdings unter psychischen Gesichtspunkten, um die Konflikte zu klären, die sich für das Kind in seinem Verhältnis zum Erwachsenen und seinem sozialen Umfeld ergeben, sich ihm entgegenstellen. Selbstverständlich vermeidet dieser Standpunkt gewisse übliche Techniken und psychoanalytische Theorien, um das Kind unvoreingenommen in seiner sozialen Umwelt beobachten zu können.

Es handelt sich hier nicht um die schwierigen, engmaschigen Untersuchungen eines Kranken, sondern darum, sich in der Wirklichkeit des menschlichen Lebens umzusehen, dabei *das psychische Kind im Blick zu haben, das Seelenleben des Kindes.* Es geht um sein gesamtes Leben, um seine Entwicklung von Geburt an und um die Probleme, die seitdem aufgetreten sind. In der Geschichte des Menschen ist die Seite, die das Abenteuer der menschlichen Seele erzählt, noch nicht geschrieben. Sie müsste vom sensiblen Kind erzählen, das auf Hindernisse

trifft und in unüberwindliche Konflikte stürzt, das sich einem übermächtigen Erwachsenen gegenüber sieht, der es beherrscht, ohne es zu verstehen. Noch ist es ein weißes Blatt, noch ist die erschütternde Leidensgeschichte der unberührten, zarten Kinderseele nicht nachgezeichnet worden, auch nicht das dadurch im Unterbewusstsein des Kindes von sich selbst entstandene falsche Bild eines minderwertigen Menschen. Das hat die Natur nicht vorgesehen.

Diese komplexe Frage wird zwar erläutert und erklärt, aber sie wird nicht psychoanalytisch untersucht. Sie beschränkt sich auf den Begriff der Krankheit und der behandelnden Medizin. Im Hinblick auf die Psyche des Kindes wirkt sie vorbeugend, denn sie umfasst seinen allgemeinen, normalen Lebensbereich. Diese prophylaktische Behandlung trägt wenigstens dazu bei, Hindernisse und Konflikte und damit deren Konsequenzen, die Psychosen oder die weit verbreiteten psychischen Verhaltensstörungen erst gar nicht entstehen zu lassen. Diese würden ihrerseits in das Aufgabengebiet der Psychoanalyse fallen.

Parallel zur Psychoanalyse ist also ein neuer und unabhängiger wissenschaftlicher Forschungsbereich zur Situation des Kindes mit verschiedenen wissenschaftlichen Fachgebieten entstanden. Diese bieten hauptsächlich *Hilfe für die kindliche Seele* in allen Bereichen des täglichen Lebens, auch in der Erziehung. Charakteristisch für diesen

Parallel zur Psychoanalyse
ist also ein neuer
und unabhängiger wissenschaftlicher
Forschungsbereich
zur Situation des Kindes…
entstanden.

Forschungsbereich ist die Aufarbeitung bisher unbekannter Tatsachen, die die Kinderseele belasten. Das kann gleichzeitig hilfreich für den Erwachsenen sein und ihn aufrütteln, sich seinem Kind gegenüber nicht länger unbewusst falsch zu verhalten.

2. Der Angeklagte

DAS WORT REPRESSION, von dem Freud im Hinblick auf die am tiefsten verborgenen Auslöser der psychischen Störungen beim Erwachsenen spricht, trägt die Erklärung bereits in sich.

Das Kind ist darauf angewiesen, seinen Horizont ständig auszudehnen. Unglücklicherweise steht ihm dabei oft der Erwachsene im Weg und unterdrückt die kindlichen Bedürfnisse. Der *Erwachsene* ist ein abstrakter Begriff. Wenn es aber um den Einfluss eines Erwachsenen auf das Kind geht, das ja innerhalb der Gesellschaft isoliert ist, kann es nur um diejenigen gehen, die ihm am nächsten stehen: also in erster Linie um Mutter und Vater, dann um die Lehrer.

Die Gesellschaft spricht gern von den Verdiensten dieser für die Erziehung und Entwicklung des Kindes Verantwortlichen. Leider offenbart das Ergebnis geradezu das Gegenteil des erwünschten Erfolgs. Eingehende Untersuchungen seelischer Abgründe prangern nämlich diese sogenannten Hüter und Wohltäter der Menschheit unmittelbar an. Sie werden zu *Angeklagten.* Da nun fast alle Väter und Mütter von Kindern sind und viele ebenso Lehrer und Aufsichtspersonen, weitet sich diese Anklage auf den Erwachsenen schlechthin aus. Und demnach auf die gesamte Gesellschaft, denn sie ist für

ihre Kinder verantwortlich. Diese unerwartete Anklage hat etwas Apokalyptisches. Sie ist geheimnisvoll und schrecklich wie die Stimme des Letzten Gerichts: „Was hast du aus den Kindern gemacht, die ich dir anvertraute?“

Die erste Reaktion ist Verteidigung, Protest: „Wir taten unser Bestes. Den Kindern gehört unsere ganze Liebe, wir haben uns regelrecht für sie aufgeopfert.“ Hier müssen wir allerdings zwei gegenteilige Meinungen unterscheiden: Die eine bezieht sich auf bewusstes, die andere auf unbewusstes Handeln. Die erste Rechtfertigung ist altbekannt, sie ist fest verwurzelt und interessiert daher nicht. Einzig interessant ist die Anklage, genauer gesagt, der Angeklagte. Es stimmt, er ist unermüdlich damit beschäftigt, sich um das Wohl der Kinder und um ihre Erziehung zu sorgen. Trotzdem gerät er in ein Labyrinth von Problemen. So, als hätte er sich im Wald verirrt und fände nicht wieder hinaus. Er begreift nicht, dass allein seine eigene unzutreffende Überzeugung ihm den Weg verstellt.

Mit der Rede zur Verteidigung des Kindes muss in gleichem Atemzug der Erwachsene angeklagt werden. Diese Anklage ist nicht verhandelbar, sie gilt ausnahmslos.

Und siehe da, plötzlich steht die Anklage im Mittelpunkt eines faszinierten Interesses. Sie klagt nämlich nicht fahrlässig begangene Irrtümer an, die demütigen und Minderwertigkeitsgefühle hervorrufen. Sie klagt stattdessen ein *unbewusstes*

Fehlverhalten an. Damit erweitert sie die Wahrnehmung und führt zur Entfaltung des eigenen Selbst. Jede wahre Entwicklung beruht auf der Entdeckung, etwas bisher Unbekanntes nutzen zu können.

Daher begegnen die Menschen ihren eigenen Irrtümern schon immer auf zwei verschiedene Weisen: Handelt es sich um einen unüberlegten Fehler, so schämt sich der Mensch, aber ein unbewusstes Fehlverhalten fasziniert ihn. Denn dieses enthält das Geheimnis der Perfektionierung *über die bekannten Grenzen und Bereiche hinaus* und führt in ein übergeordnetes Feld. Beispielsweise war der mittelalterliche Ritter dazu imstande, sich wegen jeder kleinsten Beleidigung, die seinen weltlichen Einfluss schmälerte, zu duellieren. Andererseits war er bereit, sich vor dem Altar niederzuwerfen und demütig zu bekennen: „Ich bin schuldig! Ich erkläre hier vor allen, ich allein bin schuldig."

Die biblischen Geschichten geben zu diesem Gegensatz interessante Beispiele: Aus welchem Grund versammelte sich denn die Menge in Ninive um Jona? Und woher kam der Enthusiasmus, der sie alle, einschließlich des Königs, dazu brachte, sich der Menge der Anhänger des Propheten anzuschließen? Jenem Jona, der ihnen ihre Sünden vorwarf und drohte, dass Ninive in 40 Tagen zerstört sein würde, wenn sie sich nicht bekehrten. Und wie gelang es Johannes dem Täufer, die Menge zum Ufer des Jordan zu rufen? Welche betörenden Worte

findet er, um einen derartigen Zustrom zu bewirken? Dass er sie alle Schlangenbrut schilt?

Hier erleben wir ein spirituelles Phänomen: Die Menschen eilen herbei, nur um zu hören, dass sie beschuldigt werden. Das bedeutet, sie stimmen zu, akzeptieren die Anklage. Es sind harte, nachdrückliche Worte, die in ihrer tiefen Bedeutung das Unterbewusstsein der Menschen erreichen und bewirken sollen, dass sie sich dieser Anklagen bewusst werden. Die gesamte spirituelle Entwicklung bedeutet eine allmähliche Übernahme von Erfahrungen in das Bewusstsein, die es bisher nicht wahrgenommen hatte. So, wie im normalen Leben der Fortschritt sich durch schrittweise Entdeckungen verwirklicht.

Es geht jetzt darum, diese Erkenntnisse umzusetzen und das Kind grundlegend anders zu behandeln als bisher, um es aus den Konflikten zu erretten, die sein psychisches Leben in Gefahr bringen. Dieser wesentliche Schritt, von dem alles abhängt, verlangt, dass der Erwachsene sein Verhalten ändert. Dadurch, dass er sich darauf beruft, wie sehr er das Kind liebe und sich aufopfere, gibt er nämlich vor allem zu, dass er ratlos vor etwas steht, das er nicht begreift und nicht beeinflussen kann. Es hilft ihm nichts, er muss sich bewusst und gewollt einem Etwas zuwenden, das höher greift, als alles ihm bisher Bekannte.

Auch das Kind weiß nicht, was alles in ihm schlummert. In der Seele des Kindes gibt es einen unerforschten Bereich, den es zu erkennen gilt. Das

trifft auch auf das Kind selbst zu. Denn über den Bereich hinaus, den Psychologie und Erziehung beobachten und studieren, gibt es das *unbekannte Kind*. Wir müssen uns voller Enthusiasmus und bereit zu Opfern auf die Suche nach ihm begeben, wie Goldgräber in unbekannte Länder eilen und in der Gewissheit, das kostbare Metall zu finden, Berge versetzen. So überzeugt muss der Erwachsene nach etwas Unbekanntem suchen, das in der Seele des Kindes verborgen ist. An dieser Aufgabe müssen wir alle zusammenarbeiten, ohne Rücksicht auf soziale Schichten, auf Rasse oder Nationalität. Denn hier geht es darum, ein für den moralischen Fortschritt der Menschheit *unverzichtbares Gut* aufzuspüren.

Bis heute ist dem Erwachsenen das Verhalten der Kinder und Jugendlichen unverständlich. Er befindet sich daher in ständigem Kampf mit ihnen. Wollen wir etwas daran ändern, dann muss der Erwachsene sich ihnen ganz anders nähern. Nein, verstandesmäßige äußere Lernprozesse reichen dafür nicht aus. Der Erwachsene muss sich eingestehen, dass er selbst den Irrtum verschuldet, der ihn daran hindert, *das Kind wirklich zu sehen.* Ohne Einsicht und ohne ein anderes neues Verhalten kann es nicht vorangehen.

Dabei ist es einfacher, als man meinen könnte, diese Voraussetzung zu erfüllen. Denn der Irrtum, wenn auch unbewusst, führt zu unbestimmten Ängsten. Schon ein kleines Zeichen kann durchaus das Bedürfnis auf Änderung bewirken. So, wie man einen ausgerenkten Finger instinktiv geraderichten

möchte, weil die Hand sonst weiter schmerzt und nicht arbeiten kann, so wird dem Gewissen, sobald es seinen Irrtum eingesehen hat, nun der lange hingenommene Kummer unerträglich. Danach wird alles einfach. Kaum ist uns klar geworden, dass wir uns aus Unkenntnis zu viel zugemn und dabei über unsere Grenzen hinausgegangen sind, sind wir auch fähig, voller Interesse den anders aufgebauten Charakter der Kinderseelen kennenzulernen.

Der Erwachsene hat sich dem Kind gegenüber egozentrisch verhalten, nicht egoistisch, sondern egozentrisch. Dadurch hat er sich in allem, was das psychische Kind betrifft, nach seinen eigenen Bezugspunkten gerichtet, was zu einer immer tieferen Verständnislosigkeit führte. Sie verleitete ihn zu der Annahme, das Kind sei ein *leeres Wesen,* das der Erwachsene durch eigene Anstrengungen zu füllen habe. Ein *träges, unfähiges Wesen ohne innere Führung,* völlig auf den Erwachsenen angewiesen, damit dieser es schrittweise in die Außenwelt führe. Nach einer gewissen Zeit fühlt sich der Erwachsene folgerichtig als Schöpfer des Kindes und beurteilt Gut und Böse des kindlichen Verhaltens vom eigenen Standpunkt aus. Er entscheidet, ob etwas gut oder böse ist. Er ist unfehlbar, er verkörpert das Gute, nach dem das Kind sich auszurichten hat. Anderenfalls hat er die Pflicht, es unmittelbar zu korrigieren.

Unbewusst *löscht* der Erwachsene mit dieser Haltung *die Persönlichkeit des Kindes aus,* eifrig und überzeugt von seiner Liebe und Bereitschaft, sich für das Kind aufzuopfern.

3. Biologisches Intermezzo

Als Wolff seine Entdeckungen über die Keimzellenteilung veröffentlichte, erklärte er damit die Entstehung der Lebewesen. Seine sensiblen, direkten Beobachtungen machten deutlich, dass in einer Keimzelle innere Baupläne für eine Weiterentwicklung existieren müssten. Damit widersprach er der Überzeugung einiger Philosophen wie Leibniz und Spallanzani, in der Keimzelle sei die künftige Gestalt, zu der sie sich bei günstigen Bedingungen entwickeln werde, bereits enthalten. Gerade so, wie zwischen den beiden Keimblättern die künftige Pflanze schon enthalten sei, so würden sich analog Mensch und Tier entwickeln.

Wolff konnte nach der Erfindung des Mikroskops und damit der Möglichkeit, das Unsichtbare sichtbar zu machen, zunächst an einem Vogelembryo den Entstehungsprozess eines Lebewesens verfolgen. Er beobachtete, dass die Keimzelle keine vorher festgelegte Form enthält. Wie jede andere Zelle besteht eine Keimzelle nach der Verschmelzung zweier Zellen lediglich aus Membran, Protoplasma und Zellkern. Jedes Lebewesen, ob Pflanze oder Tier, geht auf eine solche einfache Zelle zurück. Das im Samen enthaltene Pflänzchen hat sich bereits innerhalb der Mutterpflanze als Embryo aus einer Keimzelle entwickelt, bevor es als reifer Samen in die Erde fällt.

[Wolffs Entdeckungen]
machten deutlich,
dass in einer Keimzelle
innere Baupläne für eine
Weiterentwicklung
existieren müssten.

Die Keimzelle verfügt über eine einzigartige Eigenschaft. Ihre raschen Teilungen erfolgen nach einem unsichtbaren festgelegten Plan. In exaktem Gehorsam folgt sie dem immateriellen Befehl, den sie in sich trägt. Dieser geheime Auftrag lässt sich durch nichts enthüllen. Das Muster zeigt sich einzig und allein in der Aktivität der unermüdlichen Zellen und im Ergebnis. Vom Auftrag selbst bleibt keine Spur. Es finden sich in der Zelle lediglich kleine Korpuskel, die Chromosomen, die für das Erbgut zuständig sind.

Anhand der Entwicklung bei den Tieren sehen wir, wie sich die erste Zelle verdoppelt und die zwei entstandenen Zellen sich wiederum verdoppeln und so weiter. Am Ende der Zellteilung bildet sich eine

Art leerer Ball (Morula). Er stülpt sich ein, sodass eine offene doppelwandige Höhle entsteht (Gastula). Durch fortgesetzte Einstülpungen, Vervielfältigungen und Differenzierungen entwickelt sich so, einem unsichtbaren Befehl folgend, ein kompliziertes Wesen aus Organen und Gewebe.

Eines der ersten Organe, das sich bei Säugetieren, also auch beim Menschen, bildet, ist das Herz in noch unfertigem Zustand, eine kleine Blase, die sofort nach festgelegtem Rhythmus doppelt so schnell wie das Herz der Mutter zu schlagen beginnt. Es ist der Motor, der das beginnende Leben mit allem Notwendigen versorgt. Geheimnisvoll entwickelt sich dieses Schöpfungswunder wie aus dem Nichts heraus. Die lebenden Zellen irren sich niemals und sind fähig, sich in jede benötigte Zelle zu verwandeln. Dieses Geheimnis des Universums vollzieht sich im Verborgenen, bis es sich in der *Geburt eines Geschöpfes* offenbart.

Nun besteht das neugeborene Wesen nicht nur aus einem materiellen Körper, sondern es wird selbst zur *Keimzelle* geheimer seelischer Funktionen, nämlich der Instinkte, die der Körper bei seiner Geburt in sich trägt. Dadurch ist jede Art, ist jedes Lebewesen, auch das Insekt, mit seiner Umwelt und dem ganzen Universum verbunden.

Der Körper hat genau die angemessene Form für diese übergeordnete psychische Aufgabe. Dass sie bereits im Neugeborenen angelegt ist, steht bei den Tieren außer Zweifel: Wir wissen, dieses gerade zur

Welt gekommene Säugetier wird friedlich sein, weil es ein Schaf ist, jenes andere wird wild sein, denn es ist ein Löwe. Wir wissen, jenes Insekt wird unermüdlich in einer unveränderlichen Disziplin arbeiten, denn es ist eine Ameise, und jenes andere wird als einsame Zikade nur singen.

So ist das Neugeborene nicht nur ein Körper, bereit zu funktionieren, sondern ein spiritueller Embryo mit verborgenen Weisungen. Es wäre absurd zu glauben, dass ausgerechnet der Mensch mit seinem grandiosen psychischen Leben, das ihn charakterisiert und von allen Lebewesen unterscheidet, als einziges nicht diesen Plan der psychischen Entwicklung besitze.

Der Geist kann so tief verborgen sein, dass er sich nicht wie der Instinkt des Tieres manifestiert, der sich schon in einem gleichbleibenden Verhalten zeigt. Die Tatsache, dass wir demgegenüber nicht durch feste, bestimmte Instinkte geleitet werden, offenbart in unserem Inneren die Möglichkeit einer Handlungsfreiheit, die ein besonderes Durchdenken verlangt. Sie wird daher zu einer weitgehend unvorhersehbaren Schöpfung, deren Entwicklung sich im Verborgenen vollzieht. Sie obliegt jedem Einzelnen und verlangt besondere Mühen und eine große Sensibilität. Die Seele des Kindes bewahrt daher ein Geheimnis, in das man nicht eindringen kann. Das Kind kann nur selbst in seiner Entwicklung dieses Geheimnis Schritt für Schritt enthüllen. Ebenso gibt es auch für die Teilungen der Keimzelle nur den

Bauplan, der erst sichtbar wird, wenn der Organismus sich in seinen Einzelheiten ausbildet. Allein das Kind kann uns den *natürlichen Bauplan des Menschen* enthüllen.

Da aber jede Schöpfung gleichsam aus dem Nichts heraus auf Sensibilität angewiesen ist, müssen wir das psychische Leben des Kindes auf entsprechende Weise schützen, so wie die Natur, die den physischen Embryo verbirgt und mit einer Hülle umgibt.

Und man vernahm auf Erden
eine bange Stimme,
wie noch nie sie erklungen war,
und sie kam aus einer Kehle,
die keinen Ton je geformt hatte.

Man sprach zu mir von einem Menschen, der in tiefster Dunkelheit gelebt hatte; wie in der Tiefe eines Abgrunds hatten seine Augen niemals auch nur die leichteste Helligkeit wahrgenommen.

Man sprach zu mir von einem Menschen, der im Schweigen gelebt hatte; niemals hatte je ein Ton, selbst ein kaum wahrnehmbarer, sein Ohr erreicht.

Ich hörte von einem Menschen, der immer in einem seltsam lauen Wasser gelebt hatte und der auf einmal in eine Eiswelt geschleudert wurde.

Und er weitete seine Lungen, die niemals geatmet hatten (Tantalos' Qualen* im Vergleich leicht gewesen), aber er lebte. Ganz plötzlich füllte Luft seine

Lungen, die von Anbeginn an zusammengefaltet gewesen waren.

Da schrie der Mensch.

Und man vernahm auf Erden eine bange Stimme, wie noch nie sie erklungen war, und sie kam aus einer Kehle, die noch keinen Ton je geformt hatte.

Es war der Mensch, der geruht hatte.

Wer konnte sich diese absolute Ruhe vorstellen?

Eine Ruhe sogar ohne die Mühe, essen zu müssen, denn ein anderer isst für ihn.

Und ohne jede Kleidung, denn andere kleiden sich so warm, wie es für ihn lebenswichtig ist.

Und nicht einmal seine inneren Gewebe müssen sich gegen Gift und Bazillen wehren, denn andere Gewebe arbeiten an seiner statt.

Seine einzige Arbeit betraf das Herz, das schon vor seinem Sein zu schlagen begonnen hatte. Ja, während er noch gar nicht existierte, schlug sein Herz, und zwar doppelt so schnell wie jedes andere. Und er wusste, dass es das Herz eines Menschen war.

Und jetzt … ist er es, der vorangeht.

Verletzt vom Licht und den Tönen, müde bis in sein Innerstes hinein, nimmt er alle Mühen seines Seins auf sich.

* Maria Montessori bezieht sich auf eine griechische Sage um Tantalos, aus der der Begriff Tantalusqualen (lat.: Tantalus; Qualen, die dadurch entstehen, dass etwas Ersehntes zwar in greifbarer Nähe, aber doch nicht zu erlangen ist) abgeleitet wurde.

Er stößt den großen Schrei aus:
„Warum hast du mich verlassen?"

Und es ist das erste Mal, dass dieser Mensch in seinem Inneren Christus widerspiegelt: Christus, der stirbt, und Christus, der aufersteht.

4. Das Neugeborene – Das unnatürliche Umfeld

MIT SEINER GEBURT tritt das Kind nicht in seinen natürlichen Lebensraum ein, der ihm entspräche, sondern in das Umfeld der Zivilisation, wo sich das Leben der Erwachsenen abspielt. Es ist ein *künstliches* Umfeld, rücksichtslos auf Kosten der Natur vom Menschen geschaffen, um sich sein eigenes Leben zu erleichtern.

Welche Vorbereitungen hat denn unsere Gesellschaft getroffen, um dem Neugeborenen bei der Anpassung zu helfen, wenn er von einem Leben in ein anderes gekommen ist? Wenn die Geburt fast alle seine Kräfte aufgezehrt hat?

Nach dem bewegenden Übergang der Geburt sollte das Neugeborene mit aller Fürsorge umgeben werden, die es auch aus wissenschaftlicher Sicht braucht, denn der Mensch muss zu keiner anderen Zeit seines Lebens einen ähnlich leidvollen Anpassungskampf durchstehen.

Wir jedoch haben praktisch nichts vorgesehen, um dem Kind diesen ungeheuerlichen Übergang zu erleichtern. Wie wichtig wären Aufzeichnungen, die uns erzählen könnten, wie in der Frühzeit der Zivilisation der Mensch für seine Neugeborenen gesorgt hat, auf welche Weise er ihnen beim Eintritt in

unsere Welt geholfen hat. Aber ach, hier gibt es nur eine leere Seite!

Allerdings sind gerade heute viele Menschen überzeugt, unsere Gesellschaft bemühe sich beispielhaft um das neugeborene Kind.

Aber bitte, wie denn?

Während und nach der Geburt des Kindes kümmern sich alle um die Mutter. Es heißt, die Mutter habe Schmerzen gelitten. Aber das Kind, hat es nicht ebenfalls gelitten?

Die Mutter muss ja erschöpft sein, also wird für ungestörte Ruhe im abgedunkelten Zimmer gesorgt.

Gilt das denn nicht besonders für das Kind, das dort, wo es herkommt, nicht den kleinsten Lichtschein wahrnahm, noch das leiseste Geräusch? Es ist doch selbstverständlich, dass es Dunkelheit und Ruhe braucht.

Der Embryo hat sich geschützt und unverletzt in einer friedlichen, gleichbleibenden Flüssigkeit ohne Temperaturschwankungen entwickeln können, extra für das ruhende Kind erschaffen, ohne den geringsten Lichtschein, den leisesten Ton. Im Moment seiner Geburt verändert sich seine Umwelt so überraschend, dass ihm keine Zeit für eine langsame Anpassung bleibt, wie zum Beispiel der Kaulquappe bei ihrer Verwandlung zum Frosch.

Und der Erwachsene? Wie tritt er nun diesem Kind entgegen, das aus dem Nichts kommt, das sich unvermittelt in unserer Welt befindet mit seinen noch in der Stille schlafenden Ohren und seinen

empfindlichen Augen, die zum ersten Mal Licht sehen? Wie begegnet er diesem Wesen, dessen Glieder schmerzen und das bis zu diesem Augenblick noch keinen Kontakt mit der Außenwelt erlebt hat? Das aus einer flüssigen Umgebung kommt und unvermittelt, ohne schrittweise Transformation, atmen muss. Außerdem ist dieser zarte Körper dem brutalen Zusammenstoß mit festen Gegenständen ausgesetzt. Die oft seelenlosen Hände des Erwachsenen gehen so manches Mal unbesorgt mit dem Neugeborenen um, ohne seine Verletzlichkeit zu bedenken.

Ja, häufig müssen wir erleben, wie rücksichtslos das Neugeborene behandelt wird! Schwere Hände und grobe Wäsche scheuern an seiner empfindlichen Haut. Denn seine Menschen im Haus wagen kaum, dieses zarte Wesen zu berühren: Verwandte und selbst die Mutter betrachten es ängstlich und vertrauen das Neugeborene lieber *Expertenhänden* an.

Expertenhände, gewiss! Aber diese erfahrenen Hände sind nicht unbedingt für ein so sensibles Wesen geeignet. Es sind zupackende Hände, sie halten das Kind sicher, lassen es nicht fallen. Aber haben sie auch gelernt, voller Aufmerksamkeit mit ihm umzugehen? Warum wohl muss eine Krankenschwester, bevor sie einen kranken Erwachsenen oder einen Verletzten versorgen darf, ausführlich die Technik erlernen, wie er umgedreht werden muss? Oder wie vorsichtig eine Salbe aufzustreichen und eine Binde anzulegen ist?

Wenn es sich statt des Neugeborenen um den Hausherrn handelte, der verletzt von draußen mit einem Knochenbruch hereingebracht werde, dann würden alle ihn umringen, zitternd um ihn bangen, mit ihm leiden und sie würden Ärzte und Krankenschwestern anflehen, ihn ja vorsichtig anzufassen. Nur *fähige, erfahrene* Hände würden es sein, die äußerst vorsichtig mit ihm umgingen. Und nicht Hände, die den Verletzten gerade noch am Leben erhalten.

Für das Kind sollte das alles nicht gelten?

Unbekümmert behandelt es der Arzt. Schreit das Neugeborene verzweifelt, lächeln alle verständnisinnig. Seine Stimme, sein Weinen sind doch seine Sprache und weinen muss es, um seine Augen zu reinigen und die Lungen zu weiten.

Das Neugeborene wird sofort bekleidet. Ursprünglich wurde es in feste Binden gewickelt, als wäre es eingegipst, und dieses Wesen, das von seinem Ursprung an gekrümmt gelebt hatte, wurde gerade gezogen und in dieser Haltung festgezurrt.

Dabei ist es überhaupt nicht notwendig, das Neugeborene anzuziehen, nicht sofort und auch nicht während des ersten Monats.

Wenn wir die Entwicklung der Bekleidung des Neugeborenen anschauen, werden wir eine schrittweise Veränderung von starrer Wickelung hin zu leichterer Kleidung feststellen. Noch ein Schritt und das Neugeborene braucht überhaupt keine Kleidung mehr. Wie in der Kunst die Engel, sollte es nackt

bleiben. Hält nicht die Jungfrau Maria voller Bewunderung an der Krippe das nackte göttliche Kind im Arm?

Selbstverständlich muss das Kind in seiner Umgebung warm gehalten werden, aber nicht durch seine Kleidung. Es hat nicht genug Wärme in sich, um die Außentemperatur zu ertragen, denn es hat ja vorher in der Wärme des mütterlichen Körpers gelebt. Die Kleidung hält nur die Wärme des Körpers aufrecht, verhindert also, dass diese sich verliert. Ist die Umwelt gut geheizt, bedeutet die Kleidung jedoch eher ein Hindernis zwischen der äußeren und der vom Kind benötigten Wärme.

Wir beobachten bei Tieren, dass die Mutter, selbst wenn ihre Jungen mit Fell oder Haaren bedeckt sind, sich über sie legt, um sie zu wärmen.

Ich möchte nicht zu lange auf diesem Punkt verharren. Natürlich bin ich sicher, die Amerikaner würden mir von der besonderen Fürsorge für ihre Neugeborenen erzählen, wenn sie mit mir sprächen. Und Deutsche wie Engländer würden mich erstaunt fragen, ob ich die Fortschritte nicht wahrgenommen hätte, die ihre Länder in diesem Bereich der Medizin und Krankenbetreuung gemacht haben. Ich müsste antworten, ich kenne sie alle. Ich habe in einigen dieser Länder mit eigenen Augen gesehen, wie die Verbesserungen bis ins Kleinste reichen. Trotzdem muss ich mit erhobener Stimme betonen: Noch immer fehlt vielerorts das Bewusstsein, dass es unsere

vornehmste Pflicht ist, den neugeborenen Menschen würdig zu empfangen.

Es stimmt, viel ist schon geschehen. Aber was bedeutet Fortschritt anderes, als etwas bisher nicht Wahrgenommenes zu erkennen? Und daraufhin die Haltung zu überprüfen, die wir für ausreichend oder unübertrefflich hielten? Gegenwärtig wird das Kind in keinem Teil der Welt angemessen verstanden und gewürdigt.

Ich möchte noch ein anderes Thema berühren und auf Folgendes hinweisen: Wir haben, obwohl wir das Kind von Herzen lieben, instinktiv eine Verteidigungshaltung ihm gegenüber entwickelt, die vom ersten Augenblick seiner Geburt an in uns lebendig ist. Wir denken dabei nicht nur an uns, sondern auch an unseren Besitz. Ist es Geiz, dass wir meinen, selbst Dinge, die nichts wert sind, müssten wir vor dem Kind schützen? Ein Beispiel: Besorgt legen wir auf die einfache Matratze, auf dieses kleine, ausgepolsterte Stück Stoff, das den Körper des Neugeborenen aufnehmen soll, eine wasserdichte Decke und überlassen es dem Kind, die Folgen zu ertragen!

Wenn das Ewige Gericht uns fragte: „Und ihr, wie habt ihr euch vorbereitet auf das kostbare Wesen, das ich euch gegeben habe?“

Wir? Außer grausam engen Kleidern haben wir diese wertlose kleine Matratze vorbereitet, die wir so vehement schützen.

Und vom ersten Augenblick an wird sich die Absicht des Erwachsenen auf immer gleiche Weise

ausdrücken: aufzupassen, dass das Kind nichts entzwei bricht oder schmutzig macht und dass es vor allem nicht lästig fällt.

Ja, es gilt, sich vor ihm zu schützen. Verteidigung auf ganzer Linie!

Ich glaube, wenn die Menschen eines Tages wirklich begreifen, was ein Kind in Wahrheit bedeutet, werden sie es viel besser umsorgen können. In Wien hat man etwas Schönes für das Kind herausgefunden, nämlich den Teil des Bettes, auf dem das Neugeborene liegen wird, anzuwärmen. Auch saugfähige Matratzen, die nach jedem Mal einfach weggeworfen und ersetzt werden, tragen zum Wohlgefühl des Kindes bei.

Bedenken wir all diese Gesichtspunkte, so darf sich die Pflege des Neugeborenen selbstverständlich nicht darauf beschränken, es am Leben zu erhalten und vor Infektionen zu schützen. Das Kind muss voller Liebe zärtlich umsorgt werden. Ungeachtet dieser Erkenntnisse dürfen selbst in modernsten Kliniken die *Nurses** sich oft nur mit Schutzmaske dem Kind nähern! Das muss sich ändern.

Denn wir haben neben der körperlichen Pflege die ebenso wichtige Aufgabe, von Geburt an *für die Seele des Kindes zu sorgen,* auch ihr die Anpassung an die äußere Welt zu erleichtern. Sobald in den

* Nurse: Kinderpflegerin, Kinderschwester, Kindermädchen, je nach Ausbildung

Kliniken hierzu weitere Erfahrungswerte vorliegen, müssen als Erstes die Familien entsprechend aufgeklärt werden.

In reichen Häusern ist in erster Linie immer noch die prächtige Wiege wichtig, kommt es auf die kostbaren Klöppelspitzen an Hemdchen und Kleidern an. Es drängt sich der Gedanke auf, dass, wenn es üblich wäre, die Kinder auszupeitschen, bei reichen Familien die Griffe der Peitschen mit Gold und Perlen verziert sein würden.

Dieser Luxus für Neugeborene zeigt deutlich, dass auf die Psyche des Kindes überhaupt kein Gedanke verschwendet wird. Dabei sollte der Reichtum der Familie für die beste hygienische und psychische Versorgung des Kindes verwandt werden und nicht für den sinnlosen Luxus eines privilegierten Kindes. Am besten wäre es, für einen ruhigen Rückzugsort zu sorgen, der geschützt vor dem Lärm der Stadt in weiches, gedämpftes Licht getaucht ist. Das Neugeborene dürfte nackt in gleichbleibender Wärme liegen, so, wie es seit einiger Zeit bei Operationen üblich ist.

Ein weiteres Problem ergibt sich beim Tragen und beim Transport des Kindes. Hierbei dürfte das Kind möglichst wenig mit den Händen berührt werden. Es sollte mithilfe eines geeigneten, leichten Hilfsmittels bewegt werden, etwa mit einer gepolsterten Hängematte aus weichem Netz, die den Körper des Kindes in einer fast pränatalen Position hält. Diese Unterstützungen sollten sanft, langsam und mit leichter Hand erfolgen. Das gilt ebenso für das

Es drängt sich der Gedanke auf,
dass, wenn es üblich wäre,
die Kinder auszupeitschen,
bei reichen Familien die Griffe der Peitschen
mit Gold und Perlen verziert
sein würden.

Aufrichten oder Hinlegen des Kindes. Schon bei der Versorgung Kranker haben sich ähnliche Studien bestätigt. Dort hat man eine besondere elementare Technik entwickelt, den Patienten anzuheben und ihn langsam in der Horizontalen zu transportieren. Niemand hebt mehr einen Kranken aufrecht am Arm an. Vielmehr wird ein elastischer Halt vorsichtig unter dem Körper hindurchgeführt, sodass die horizontale Lage unverändert bleibt.

Nun ähnelt das neugeborene Kind in seiner Empfindlichkeit tatsächlich einem Kranken. Wie die Mutter hat es eine Todesgefahr überstanden. Es lebt! Freude und Zufriedenheit drücken gleichzeitig die Erleichterung darüber aus. Es hätte sein können, dass das Kind durch die Nabelschnur fast stranguliert

worden wäre und nur durch sofortige künstliche Beatmung überlebt hätte. Oft deformiert ein Hämatom unter der Haut seinen Kopf. Trotzdem kann ein Neugeborenes natürlich nicht wie ein kranker Erwachsener behandelt werden. Seine Gesundheit ist nicht beeinträchtigt. Als hoch empfindsames Wesen, aus dem Nichts in unsere Welt gekommen, hat es jedoch die unvorstellbare Anstrengung zu leisten, sich unserem Leben anzupassen und die ersten psychischen Eindrücke zu verarbeiten.

Gewiss, voller Ehrfurcht stehen wir vor dem Mysterium der Schöpfung, vor dem Geheimnis einer Unendlichkeit, die sich unter uns verkörpert hat. Aber Erbarmen mit dem Neugeborenen haben wir nicht.

Ich habe erlebt, wie ein kaum dem Erstickungstod entronnenes Neugeborenes in eine erhöht über dem Boden stehende Wanne gelegt wurde. Es riss während der schnellen Bewegung, mit der es ins Wasser getaucht wurde, erschrocken die Augen auf, zuckte zusammen und streckte Arme und Beine von sich, wie jemand, der fällt. Es durchlitt seine erste Erfahrung mit der Angst.

Die Vorsicht, mit der wir das Kind berühren und bewegen sollten, und die Zartheit der Gefühle, die es in uns weckt, lassen uns an die Gesten eines katholischen Priesters denken, mit denen er sich der Heiligen Hostie auf dem Altar nähert: Mit gereinigten Händen und in meditativer Haltung bewegt er die Hostie einmal vertikal, dann horizontal, abwartend und mit Pausen, so, als seien diese Gesten mit so

viel Kraft aufgeladen, dass sie von Zeit zu Zeit unterbrochen werden müssten. Und wenn er die Hostie niederlegt, beugt der Priester anbetend das Knie.

Dies alles geschieht schweigend und im milden Licht der bunten Fenster. Hoffnung und Erhabenheit erfüllen diesen heiligen Ort. So ähnlich sollte die Umgebung für das Neugeborene sein.

Wollten wir die Pflege des Kindes mit der Versorgung der Mutter vergleichen, so stellten wir uns am besten die Situation vor, die Mutter werde wie ein Neugeborenes behandelt. Dann würden wir unseren Irrtum schnell einsehen.

Die Mutter lässt man in Ruhe, während das Neugeborene von ihr fortgebracht wird, damit es sie nicht stören kann. Es wird ihr nur zu den Stillzeiten gebracht und für die Reise zu ihr rasch in hübsche, mit Bändern und Spitzen verzierte Kleidchen gesteckt. Das wäre so, um bei unserem Beispiel zu bleiben, als wolle man die Mutter verpflichten, sich sofort nach der Geburt zu erheben, sich elegant zu kleiden, um bei einem Empfang zu glänzen.

Das Kind reißt man ohne Weiteres aus der Wiege hoch bis zur Schulter des Erwachsenen, der es tragen soll, um es bei der Mutter wieder herunterzulegen. Wer würde auf den Gedanken kommen, der Wöchnerin ähnliche Bewegungen zuzumuten? Die gängige Rechtfertigung beruft sich darauf, das Kind habe noch kein Bewusstsein. Und ohne Bewusstsein gäbe es weder Schmerzen noch Freude. Es wäre also kein

Grund gegeben, ein Neugeborenes ganz besonders feinfühlig zu behandeln.

Aber was sollte man dann von der geradezu verschwenderischen Behandlung eines bewusstlosen, unter Schmerzen leidenden Erwachsenen in Lebensgefahr halten?

Es geht immer um die Notwendigkeit zu helfen, und zwar in jedem Lebensalter, unabhängig davon, ob der Patient bei Bewusstsein ist oder nicht.

Nein, eine Rechtfertigung ist nicht möglich.

In der Geschichte der Zivilisation gibt es diese noch leere Seite über die Bedürfnisse des Menschen in seiner ersten Lebenszeit, weil entsprechende Untersuchungen bisher fehlen. Und das, obwohl wir tagtäglich erleben, dass leidvolle Erfahrungen als Embryo oder im ersten Kindesalter das gesamte weitere Leben des Menschen, sagen wir ruhig der Menschheit, beeinflussen. Diese Tatsache wird heute allgemein anerkannt. Warum dann nicht auch die Geburt als schwerste Krise im Leben?

Für das Neugeborene empfinden wir zunächst wenig, es ist in unseren Augen noch kein richtiger Mensch. Dabei verstehen wir nicht, dass wir es ganz anders und in gebührender Weise, ja, ehrfurchtsvoll empfangen sollten, denn die Welt, die wir geschaffen haben, wird eines Tages ihm gehören. Das Kind ist unsere Hoffnung, dass sie erhalten bleibt und erfolgreich weiterentwickelt wird.

Diese Überlegungen rufen uns die Worte des Evangelisten Johannes in Erinnerung:

„Er war in der Welt
und die Welt ist durch ihn geworden,
aber die Welt erkannte ihn nicht.
Er kam in sein eigenes Haus,
aber die Seinen nahmen ihn nicht auf.“

5. Die natürlichen Instinkte

DIE HÖHER ENTWICKELTEN TIERARTEN, die Säugetiere, vernachlässigen instinktiv niemals ihre Kleinen in dieser sensiblen und schwierigen Anpassungsphase. Denken wir zum Beispiel an die Hauskatze. Sie versteckt ihre Neugeborenen an einem abgeschiedenen und dunklen Ort. Eifersüchtig erlaubt sie nicht einmal, dass man ihren Wurf betrachtet. Kurze Zeit darauf erscheinen die ansehnlichen Kätzchen, hübsch und lebhaft.

Eine noch größere Fürsorge entwickeln die in Freiheit lebenden Säugetiere für ihre Kleinen. Fast alle leben in zahlreichen Gruppen zusammen. Steht aber die Geburt bevor, ziehen sich die weiblichen Tiere an einen verborgenen Ort zurück. Die Neugeborenen verbringen dort in ruhiger Abgeschiedenheit etwa zwei, drei oder vier Wochen und länger je nach ihrer Art. Das Muttertier behütet diese neuen Lebewesen unmittelbar nach ihrer Geburt und steht ihnen bei. Noch können die Neugeborenen nicht unter normalen äußeren Bedingungen leben, schon gar nicht in heller und lauter Umgebung. Daher bewacht die Mutter sie an einem ruhigen und abgelegenen Ort. Obwohl im Allgemeinen die Kleinen schon entwickelt geboren werden, fähig sich auf die Füße zu stellen und zu laufen, achtet die Mutter liebevoll darauf, dass sie isoliert bleiben und erste

Fähigkeiten erlernen, bis sie sich der Umgebung angepasst haben. Erst dann führt sie ihre Jungen zu den anderen Mitgliedern der Gruppe, mit denen sie zusammenleben werden.

Die Geschichten dieser mütterlichen Fürsorge sind wirklich beeindruckend, sie alle ähneln einander in der Hauptsache, mag es sich auch um ganz verschiedene Tierarten handeln wie Pferde, Bisons, Wildschweine, Wölfe und Tiger. Gerade bei den Bisons hält sich die Mutter mehrere Wochen von der Gruppe fern und sorgt mit wunderbarer Zärtlichkeit für ihr Junges. Wenn es friert, bedeckt sie es mit ihren Vorderbeinen. Bei zu großer Hitze leckt sie ihm geduldig das Fell trocken. Beim Säugen steht sie auf drei Beinen, um ihm das Saugen zu erleichtern. Dann bringt sie es zur Herde zurück und säugt es weiterhin mit der stoischen Geduld aller Tiermütter.

Zuweilen reicht es der werdenden Mutter nicht, sich in den letzten Monaten ihrer Schwangerschaft zu isolieren, sondern sie bereitet in mühsamer Arbeit einen geeigneten Ort für die Geburt vor. Die Wölfin zum Beispiel versteckt sich in einer abgelegenen, dunklen Ecke des Waldes, wenn möglich in einer Höhle, die als Zuflucht dienen kann. Findet sie keinen geeigneten Ort, gräbt sie einen Tunnel oder bereitet ein Lager in einem hohlen Baum vor. Oder sie findet einen Unterschlupf, den sie weich auskleidet, fast immer mit Haaren, die sie sich aus ihrem Brustfell zupft. Hierdurch erleichtert sie gleichzeitig den Kleinen das Saugen. Sie bringt sechs oder sieben

Junge mit noch geschlossenen Augen und Ohren zur Welt und zieht sie im Verborgenen auf, ohne sie jemals alleinzulassen. Alle Mütter sind während dieser Periode außerordentlich aggressiv gegen alle, die sich dem Lager nähern.

Diese Instinkte verkümmern oder entarten, wenn die Tiere als Haustiere leben. Die Hausschweine gehen so weit, die eigenen Jungen zu fressen, während die Wildsau eine der zärtlichsten und liebevollsten Mütter ist, die es gibt. Auch die Löwinnen in den Käfigen der Zoologischen Gärten sind manchmal kurz davor, ihre eigenen Jungen zu reißen.

Dieser instinktive Schutz des Neugeborenen entwickelt sich demnach nur, wenn die Muttertiere in Freiheit diesen elementaren Energien gehorchen können.

Die Logik des Instinkts ist einfach und klar: Das Neugeborene braucht während der *ersten Kontakte* mit seiner äußeren Umgebung jede Unterstützung. In dieser extrem sensiblen ersten Periode nach der anstrengenden Geburt und dem gleichzeitigen Beginn der körperlichen Funktionen, muss unbedingt für die notwendige Ruhe gesorgt werden. Die sogenannte erste Kindheit hat begonnen, also das erste Jahr seines Lebens, in dem es gesäugt wird.

Auch die Fürsorge der Muttertiere, die ihren Nachwuchs isolieren, beschränkt sich nicht auf die körperlichen Funktionen. Sie kümmern sich ebenfalls um das psychische Erwachen der im Innersten des neuen Lebewesens verborgenen Instinkte, die

ein *weiteres Individuum* der gleichen Rasse formen. Und dieses Erwachen gelingt besser bei gedämpftem Licht, fern vom Lärm unter dem Schutz der Mutter, die während des Stillens liebevoll das Neugeborene in seiner Entwicklung unterstützt. Das Fohlen lernt ganz langsam, während seine Glieder sich kräftigen, seine Mutter zu erkennen und ihr zu folgen. Während sich in diesem zerbrechlich erscheinenden Körper die typischen Eigenschaften eines Pferdes herausbilden, treten die Erbanlagen in Funktion. Aus diesem Grund erlaubt die Stute niemandem, das neugeborene Fohlen zu sehen, bevor es sich nicht in ein Pferdchen verwandelt hat. Genauso, wie die Katze nicht zulässt, dass ihre Jungen begutachtet werden, bevor sie die Augen geöffnet haben und ihre Pfoten stärker geworden sind, also bevor sie nicht zu kleinen Katzen herangewachsen sind.

Offensichtlich wacht die Natur mit allen Kräften über diese gewaltigen Entwicklungen. Die mütterliche Fürsorge geht weit über ihre physische Bedeutung hinaus. Mit ihrer zärtlichen Liebe und Obacht trägt sie vor allem zur Ausbildung der verborgenen Instinkte bei.

Im übertragenen Sinne könnte man sagen: Das Übermaß der liebevollen Sorgfalt und Zärtlichkeit, die das Neugeborene körperlich erfährt, trägt gleichzeitig zur spirituellen Geburt des Menschen bei.

6. Der geistige Embryo – Die Inkarnation

DAS WORT INKARNATION lässt uns das Neugeborene als ein geistiges Wesen verstehen, inkarniert in einem menschlichen Körper und bereit für sein Leben auf der Erde. Dieses Geheimnis der Menschwerdung des göttlichen Geistes ist eines der verehrungswürdigsten Mysterien der christlichen Religion: „Incarnatus est de spiritu sancto: et homo factus est"*.

Die Wissenschaft vertritt hingegen den Standpunkt, das neue Wesen sei aus dem Nichts gekommen, es sei einfach Fleisch, ein lebendes Ganzes von Geweben und Organen. Auch das wäre schon ein Mysterium, denn wie sollte dieser komplizierte lebendige Körper einfach aus dem Nichts gekommen sein? Wir wollen uns jedoch nicht in müßigen Mutmaßungen verlieren und nicht an der Oberfläche der Wirklichkeit stehen bleiben.

Gott sei Dank gibt es einen entscheidenden Fortschritt in der heutigen Kinderpflege: Wir ziehen nicht nur das körperliche Leben in Betracht, sondern ganz wesentlich auch das *Seelenleben* des

* Sinngemäß: Ein geistiges Wesen ist wiedergeboren aus dem Heiligen Geist: und zum Menschen geworden.

Kindes. Denn wenn schon das Neugeborene ein psychisches Leben hat, dann gilt das umso mehr für das Kind in seinem ersten Lebensjahr und später. Heute heißt es: Die Erziehung muss gleich nach der Geburt beginnen, wobei erziehen nicht unterrichten bedeutet, sondern es um die Unterstützung des Kindes bei seiner psychischen Entwicklung geht.

Wir können heute davon ausgehen, dass das Kind von Beginn an ein eigenes Seelenleben besitzt. Bereits im Umgangssprachlichen unterscheiden wir zwischen Bewusstsein und einem Unterbewusstsein voller Impulse und psychischer Wirklichkeiten.

Auch wenn wir uns auf die offensichtlichen und elementarsten Grundideen beschränken, können wir davon ausgehen, dass es im Kind ein seelisch-körperliches Zusammenspiel der Instinkte gibt, und zwar nicht nur auf die Verdauung bezogen. So beobachten wir auch bei den Jungen der Säugetiere, wie schnell sie aus einem inneren Impuls heraus die Wesensmerkmale ihrer Art ausbilden. Im Vergleich zu ihnen kann das Kind seine Motorik erst langsam entwickeln. Obwohl die Sinnesorgane schon vom Augenblick der Geburt an funktionieren – das Neugeborene reagiert beispielsweise empfindlich auf Helligkeit, Lärm, und Berührung –, so ist seine Bewegungsfähigkeit kaum ausgebildet.

Das Neugeborene ist der beeindruckende Ausgangspunkt. Es wird nach seiner Geburt relativ lange unbeweglich bleiben, unfähig sich aufzurichten und wird daher wie ein Kranker auf Pflege angewiesen

sein. Es wird stumm sein und wir werden seine Stimme lange Zeit nur hören, wenn es weint und unter Schmerzen schreit und wir ihm zu Hilfe eilen.

Erst nach langen Monaten, nach einem Jahr oder noch später, wird der kleine Körper nicht mehr hilflos sein: Er wird sich erheben, wird gehen und Monate und Jahre später wird seine Stimme die eines Menschen sein, der spricht.

Wir wollen uns nun dem Wort Inkarnation zuwenden und damit dem seelischen und körperlichen Wachstum. Mit Inkarnation bezeichnen wir den mysteriösen Prozess einer Energie, die den trägen Körper des Neugeborenen belebt und seinen Gliedern und Organen die notwendige Kraft verleiht, willentlich zu reagieren. So inkarniert der Mensch, so erlangt er schließlich auch die Fähigkeit zu sprechen.

Wie erstaunlich ist es, dass das Neugeborene sich über so lange Zeit nur langsam bewegt, während die jungen Säugetiere sich fast sofort nach der Geburt oder doch wenigstens nach sehr kurzer Zeit schon auf den Beinen halten, sich vorwärts bewegen, die Mutter suchen oder sich sonst artgemäß benehmen, obwohl sie noch rührend schwach und nicht voll ausgebildet sind. Die Zeit ihrer Vorbereitung vergeht schnell: Sie ist einfach, man kann sagen, Tiere werden schon vom Instinkt animiert geboren. Man weiß im Voraus, welchen Sprung der kleine Tiger machen und wie das Zicklein herumhüpfen wird, kaum, dass sich beide auf die Beine gestellt haben.

Dementsprechend ist jedes Wesen nicht nur ein materieller Körper, sondern kann instinktiv über seine körperlichen Organe hinausgehen. Die Instinkte zeigen sich in der Bewegung und sind typisch und unveränderlich für die jeweilige Gattung. Das Tier, „animale“ - so impliziert es schon das Wort - wird stärker durch seine „animazione“, seine Bewegungen, charakterisiert als durch seine Körperform.

Diese Eigenschaften beruhen nicht auf einem „vegetativen Organismus“, sie alle sind Ausdruck der Psyche. Bei den Tieren sind sie schon im Zeitpunkt der Geburt vorhanden. Warum sollte ausgerechnet dem Menschenkind diese Belebung fehlen?

Eine wissenschaftliche Theorie besagt, dass das instinktive Verhalten der Tiere auf früher gemachten Erfahrungen seiner Rasse beruhe und damit angeboren sei. Warum sollte nun ausgerechnet der Mensch ein so unflexibles Wesen sein, dass er nichts von seinen Vorfahren erbt? Immerhin sind die Menschen stets aufrecht gegangen und haben eine artikulierte Sprache gesprochen, sie waren demnach in der Lage, diese Erbschaft ihren Nachkommen weiterzugeben. Es wäre absurd zu denken, dass gerade der Mensch, der sich von allen Geschöpfen durch sein wunderbares Seelenleben unterscheidet, als einziger nicht schon die Blaupause seiner psychischen Entwicklung in sich trage. Hinter diesen Widersprüchen muss eine geheime Wahrheit liegen. Es könnte doch sein, dass der Geist so tief im Inneren verborgen ist,

dass er sich nicht wie der Instinkt sofort in einem festgelegten Verhalten äußern kann.

Hier kommt die fundamentale Handlungsfreiheit des Menschen ins Spiel. Sie zeigt sich in der Tatsache, dass er, anders als das Tier, eben nicht von festen und vorherbestimmten Instinkten geleitet wird. Diese Handlungsfreiheit muss jeweils vom Einzelnen herausgearbeitet werden, sie ist quasi eine eigene Schöpfung, abhängig von der Entwicklung eines jeden Individuums und daher unvorhersehbar. Hier sei erlaubt, auf ein relativ entferntes Beispiel zurückzugreifen, nämlich auf den Vergleich mit den Gegenständen, die wir selbst herstellen. Es kann sich um Serienware handeln, alle gleich aussehend und in Eile hergestellt mit Vorlagen oder Maschinen. Es können aber auch geduldig per Hand hergestellte Dinge sein, ein jedes verschieden vom anderen. Sie lassen ihren Hersteller erkennen, sei es eine geschickte Stickerin oder ein genialer Künstler.

Entsprechend könnte man sagen: Das Tier ist mit dem in Serie hergestellten Objekt zu vergleichen, jedes einzelne wiederholt sofort die einheitlichen Gattungsmerkmale. Der Mensch hingegen entspricht dem per Hand gearbeiteten Objekt: Ein jedes unterscheidet sich vom anderen, jedes hat einen eigenen kreativen Geist, ist somit ein Kunstwerk der Natur. Aber die Arbeit vollzieht sich langsam. Bevor sie äußerlich sichtbar wird, ist ihr eine ausdauernde innere Entwicklung vorangegangen, nicht die Reproduktion eines bestimmten Typs, nein, etwas

Der Mensch hingegen entspricht dem per Hand gearbeiteten Objekt: Ein jedes unterscheidet sich vom anderen, jedes hat einen eigenen kreativen Geist, ist somit ein Kunstwerk der Natur.

Neues ist erschaffen worden. Rätselhaft und überraschend. Es bleibt lange Zeit verborgen wie ein Kunstwerk, an dem der Künstler in seinem Studio arbeitet, dem er schließlich seinen Stempel aufdrückt, bevor er es der Öffentlichkeit zeigt.

Es geht hier um die Inkarnation des Menschen, um die Verbindung von Körper und Geist. Dieser sich kaum bewegende Körper ist zunächst ein Rätsel. Dabei umschließt er den kompliziertesten Mechanismus aller Lebewesen: Durch seine tief im Inneren verborgene Arbeit formt er sich selbst. Mithilfe seines eigenen Willens geschieht die Inkarnation.

Was gemeinhin *Fleisch* genannt wird, ist das Zusammenspiel aktiver Bewegungsorgane, in der Physiologie als willkürliche Muskeln bezeichnet. Der

Ausdruck selbst besagt, dass sie vom Willen bewegt werden. Und nichts kann besser darauf hinweisen, dass die physische Bewegung mit dem psychischen Leben verbunden ist. Denn ohne die Organe, ohne seine Instrumente, könnte der Wille alleine nichts ausrichten.

Trotz ihrer Instinkte wären Tiere, ganz gleich welcher Art, etwa auch die unbedeutendsten Insekten, unfähig, etwas zu tun, wenn sie ihren Bewegungsapparat nicht hätten. In der perfektesten Ausbildung, vor allem beim Menschen, sind die Muskeln unendlich komplex und so zahlreich, dass in der Anatomie die Studenten gerne sagen: „Um sich an alle Muskeln zu erinnern, muss man sie mindestens sieben Mal präpariert haben.“ Viele Muskeln arbeiten zusammen, um die kompliziertesten Bewegungen ausführen zu können. Einige lösen Impulse aus, andere bleiben passiv, einige können nur eine Annäherung herbeiführen, wieder andere den Kontakt. Selbst viele gegenläufige Funktionen stehen nicht im Gegensatz zueinander, sondern geschehen in Harmonie!

So gehört zu jedem Impuls ein Widerstand, um ihn nötigenfalls zu korrigieren. Außerdem kommt zu einem Muskel, der sich annähert, ein anderer hinzu, ohne dass sie wirklich gemeinschaftlich tätig werden. Sie können sich jedoch als Gruppe zu unendlich komplizierten Bewegungen zusammentun: Denken wir zum Beispiel an Akrobaten oder Geiger, deren Handmuskeln zu allerkleinsten Bewegungen fähig sind.

Jede Bewegung ist also eine konzertierte Aktion gegensätzlicher Tätigkeiten. Jede Feinarbeit verlangt gleichsam das Handeln eines ganzen Heeres, dem zur gleichen Zeit ein ebenso bis zur Perfektion gerüstetes Heer gegenübersteht.

So, als wenn es kein völliges Vertrauen in die Natur gäbe, ist der höhere Teil – jener, der aufbaut und leitet – vorsichtshalber einer individuellen Energie anvertraut worden, die die sichtbare Natur überlagert. Sie gehört der seelischen Dimension an. Das ist der entscheidende Ausgangspunkt im Menschen selbst, sein Schöpfergeist, der sich weiterhin inkarnieren muss, um den Weg in die Welt zu verwirklichen. All das macht das erste Kapitel im Leben des Kindes aus.

Da folglich die persönliche Inkarnation durch die Kraft der Psyche geschieht, muss diese bereits im Kind vorhanden sein, erst sie macht sein motorisches Leben auf der Erde möglich. Es wäre angesichts dieser Tatsache ein großer Irrtum anzunehmen, das Kind habe zu schwache Muskeln, um sich aufzurichten, oder könne seine Bewegungen nicht koordinieren.

Im Gegenteil, die Muskelkraft des Neugeborenen zeigt sich in seinen Impulsen und der Widerstandskraft seiner Glieder ganz offensichtlich. So ist nichts perfekter, als die schwierige Koordination von Saugen und Schlucken, die bereits vorhanden ist. Im Vergleich zu den neugeborenen Tieren versetzt die Natur das Kind in eine völlig andere Lage:

Sein Wille befiehlt den Muskeln, sich in den Dienst des menschlichen Geistes zu stellen. Sie müssen nicht nur instinktiv die Eigenheiten seiner Art verwirklichen, sondern die eines beseelten Wesens. Natürlich bestimmen auch weiterhin die Instinkte der menschlichen Rasse seine typischen Charaktermerkmale: Es wird aufrecht gehen und sprechen lernen. Aber es wird trotzdem individuell so verschieden und einzigartig heranwachsen, dass es an ein Wunder grenzt.

Bei allen Tieren können wir voraussehen, wie sie später sein werden: Eine Gazelle wird immer eine ausgezeichnete und gewandte Läuferin sein, ein junger Elefant langsam und schwerfällig gehen, ein junger Tiger wird jagen und ein junges Kaninchen wird sich als Nagetier vegetarisch ernähren.

Im Menschen aber schlummert die Fähigkeit, all dies zu können. Seine offensichtliche Trägheit bereitet die wunderbare Überraschung seiner Individualität vor. Seine unartikulierte Stimme wird eines Tages Wörter sprechen. Noch wissen wir nicht, wie sie klingen werden, er wird sie von seinem Umfeld gelernt haben. Aufmerksam und unter unzähligen Mühen wird er zunächst Laute formen, dann Silben und schließlich Wörter. Freiwillig wird er innerhalb seiner Umgebung alle seine Fähigkeiten entwickeln. Er wird ein neues Sein erschaffen, nämlich sich selbst.

Diese rätselhafte Trägheit hat man beim Neugeborenen zwar immer beobachtet, sie hat zu

philosophischen Überlegungen geführt, ohne allerdings die Aufmerksamkeit der Ärzte, Psychologen und Erzieher zu erregen. Als eine von vielen offensichtlich unerklärlichen Tatsachen hat man diese Trägheit für lange Zeit in den Fächern des Unterbewusstseins verschlossen.

In der Praxis des täglichen Lebens aber haben diese Eigenheiten der kindlichen Natur zu vielen Konsequenzen in der Welt der Erwachsenen geführt, die das Kind und den Aufbau seiner Psyche stark gefährden. Man ging irrtümlich davon aus, nicht nur die Muskeln seien passiv, sondern das Kind selbst, wenn auch aus Fleisch und Blut, sei antriebslos und ohne psychisches Leben. Und anstatt geduldig das sich vorbereitende großartige Schauspiel abzuwarten, überschätzte sich der Erwachsene selbstgefällig und glaubte, das Kind verdanke allein seiner Fürsorge und seiner Hilfe ein aktives Leben. In diesem Irrtum befangen, sah er fortan seine Aufgabe und Verantwortung darin, das Kind zu formen und sein psychisches Leben aufzubauen. Selbstherrlich wagte er zu glauben, durch äußere Einflussnahme ein kreatives Werk erschaffen zu können, indem er Anreize schuf, Anweisungen gab und Befehle, damit sich dadurch im Kind Intelligenz, Gefühl und Wille überhaupt erst entwickeln könnten.

Damit schrieb sich der Erwachsene eine fast göttliche Macht zu, er ging sogar so weit, sich für den Gott des Kindes zu halten ganz im Sinne der Genesis: „Ich werde den Menschen nach meinem Bilde machen,

mir ähnlich.“ Der Hochmut war die erste Sünde des Menschen. Sich an Gottes Stelle zu setzen, daraus ist das Elend aller Nachkommen erwachsen.

Tatsächlich liegen die Dinge völlig anders. Wenn das Kind den Schlüssel seines eigenen individuellen Geheimnisses in sich trägt, praktisch die psychische Blaupause und die daraus folgenden Entwicklungsmöglichkeiten, dann sind sie als potentielle Anlagen anzusehen, deren Realisierung äußerste Sensibilität erfordert. Das zur Unzeit erfolgende hartnäckige Eingreifen des Erwachsenen, geblendet von seiner eingebildeten Macht, kann diese Anlagen unwiderruflich zerstören oder ihre sich im Verborgenen vollziehende Umsetzung in andere Bahnen lenken.

Tatsächlich kann der Erwachsene den göttlichen Entwurf einfach auslöschen, bis hin zu den genetischen Anfängen des Menschen, und von Generation zu Generation wird der Mensch danach deformiert inkarnieren.

Das ist praktisch das fundamentale Problem der Menschheit. Es führt zu der Frage: Besitzt das Kind ein aktives psychisches Leben, auch wenn es dieses noch nicht manifestieren kann? Wenn wir dem zustimmen, dann wissen wir, dass das Kind viel Zeit und Kraft aufwenden muss, um im Verborgenen und noch unerkannt seine schwierigen Aufgaben bewältigen zu können.

Dieses Konzept suggeriert die eindrucksvolle Vision einer noch im Dunkeln gefangenen Seele, die versucht, an das Licht zu kommen und geboren zu

werden, die wachsen möchte und nach und nach mit dem Schrei des Willens das träge Fleisch beseelt, die mit der Anstrengung der Geburt endlich erschöpft ihr Bewusstsein erlangt. Und dann? Dann trifft dieses Menschlein aus Leib und Seele in seiner Umwelt, in die es hineingeboren wird, auf ein Wesen mit unvorstellbarer, geradezu gigantischer Macht. Es packt das sensible Kind, ja, vernichtet es fast.

Denn die Menschen in seiner Umgebung haben nichts vorbereitet, um die Inkarnation eines Menschen, dieses grandiose Geschehen, wirklich mitzuerleben. Dieses Wunder geschieht ja für unsere Augen unsichtbar, daher erwartet es auch niemand und gibt dem Neugeborenen Schutz und Hilfe.

Das Kind, das sich inkarniert, ist ein spiritueller Embryo. Und wie der körperlicher Embryo die mütterliche Brust braucht, so ist auch er auf reichliche Nahrung und den Schutz einer liebevollen Umwelt angewiesen, die bereit ist, ihn von ganzem Herzen und ohne jeden Vorbehalt zu empfangen.

Sobald diese Realität einmal wirklich verstanden ist, muss sich das Verhalten des Erwachsenen gegenüber dem Kind ändern. Die Gestalt des Kindes, der spirituelle Embryo, der sich inkarniert, erschüttert uns und legt uns neue Verantwortungen auf.

In diesem zarten, graziösen kleinen Körper, den wir bewundern und mit Aufmerksamkeiten überschütten, der gleichsam ein Spielzeug in unseren Händen ist, erkennen wir einen weiteren Aspekt,

vor dem wir andächtig und voller Ehrfurcht stehen: „Multa debetur puero reverentia."*

Die Inkarnation ist das weiße Blatt in der Geschichte der Menschheit. Sie geschieht im Verborgenen unter größten Anstrengungen. Alles, was mit dieser schöpferischen Arbeit zusammenhängt, ist für uns ein noch unbekanntes Drama. Seine Geschichte ist noch zu schreiben.

Kein anderes Geschöpf erwartet die mühevolle Aufgabe, den noch nicht vorhandenen Willen entwickeln und lenken zu müssen, Unbewegtes zu aktivieren und zu disziplinieren. Ein neugeborenes, zerbrechliches Wesen, kaum zu Bewusstsein gekommen, muss seine Sinne auf die Umwelt richten und sofort seine Muskeln aktivieren und entwickeln wollen.

Ein Austausch findet statt zwischen dem Individuum oder besser dem spirituellen Embryo und seiner Umwelt, mit deren Hilfe er sich formt und vervollständigt. Seine schaffende Urkraft entspricht dem Herzen im körperlichen Embryo und stellt die lebenswichtige Entwicklung aller Teile des Körpers sicher, indem der leibliche Embryo sich über die Blutgefäße der Mutter ernährt. Durch das Zusammenspiel dieses Motors mit der Umwelt entwickelt und organisiert sich die psychische Individualität. Das

* Wir schulden dem Kind unsere größte Achtung.

Kind ist bemüht, sich die Umwelt anzueignen, auf diese Weise entsteht die tiefe Einheit seiner Persönlichkeit.

Dieses langsame und schrittweise Handeln bedeutet ein ständiges Verschmelzen des Geistes mit seiner Verkörperung, wobei er akribisch darüber wachen muss, seine Souveränität zu bewahren, damit diese Aneignung nicht an der Trägheit, einer Unveränderlichkeit des Körpers scheitert oder mechanisch abläuft. Der Geist muss ständig die Impulse geben, damit diese Verschmelzung, die nicht instinktiv geschieht, nicht ins Chaos führt. Dieses Bemühen hat die Entwicklung einer immer aktiven und konstruktiven Energie zur Folge, die für das Gelingen der seelischen Inkarnation notwendig ist.

So entsteht aus sich selbst heraus die menschliche Persönlichkeit: Embryo und Kind verwandeln sich in den Schöpfer des Menschen, sie werden zum *Vater des Menschen*.

Was haben nun die leiblichen Eltern dazu beigetragen?

Der Vater hat lediglich eine unsichtbare Zelle beigesteuert. Die Mutter hat die Eizelle in der geeigneten Umgebung eingenistet, sie in ihrer Entwicklung beschützt, damit sie sich eigenständig in aller Ruhe teilen konnte, bis zur Entstehung des noch trägen, stummen Neugeborenen. Die Behauptung, Vater und Mutter hätten das Kind gemacht, stimmt nicht. Wir sollten diesen unzutreffenden Ausdruck nicht länger wiederholen. Richtig müsste es heißen: Der

Mensch ist vom Kind aufgebaut worden. Das Kind ist der Vater des Menschen.

Wir müssen sie als heilig betrachten, diese verborgene Anstrengung der Kindheit: Diese mühsam erfolgte Manifestierung verdient ein lange erwartetes, herzliches Willkommen, denn jetzt bildet sich die zukünftige Persönlichkeit des Individuums aus, in dieser Zeit legt sie sich fest.

Aus dieser Verantwortung heraus entsteht unsere Verpflichtung, die psychischen Bedürfnisse des Kindes eingehend zu erforschen, sie wissenschaftlich zu belegen und vor allem für eine lebensfreundliche Umwelt zu sorgen, in der das Kind seelisch und körperlich gedeihen kann.

In unserer Zeit erleben wir die Anfänge, die ersten Äußerungen einer Wissenschaft, die sich dringend weiterentwickeln muss. Wir Erwachsenen müssen sie mit all unserer Intelligenz unterstützen, damit endlich nach langen Bemühungen das letzte Wort zum Akt der Menschwerdung gesprochen werden kann. Es wird das erste Wort auf der noch leeren Seite der Menschheitsgeschichte sein.

7. Der sensible Aufbau der Psyche

Die sensitiven Perioden

SCHON DIE SENSIBILITÄT des ganz kleinen Kindes führt, noch bevor es sich mithilfe verschiedener Ausdrucksmittel äußern kann, zu einer, wenn auch einfachen, psychischen Entwicklung.

Sie geschieht im Verborgenen, daher wäre es falsch zu meinen, sie fände – etwa im Fall der Sprache – überhaupt noch nicht statt. Anderenfalls müssten wir davon ausgehen, die Sprache würde schon völlig vorgeformt in der Psyche vorhanden sein, nur wären die zuständigen motorischen Organe noch nicht in der Lage, sie auszudrücken. Nein, vorhanden ist allerdings die Disposition, eine Sprache aufzubauen. Ähnliches geschieht in der gesamten psychischen Welt, die sich in der Außenwelt ausdrücken will. Im Inneren des Kindes sind schöpferische Anlagen und potentielle Energien vorhanden, um sich mithilfe seiner Umgebung seine seelische Welt aufzubauen.

Hierbei sind die unlängst von Biologen entdeckten sogenannten sensitiven Perioden eines Kleinkindes für uns von allergrößtem Interesse. Sie sind eng verbunden mit den Phänomenen der Entwicklung. Wovon aber wird dieses Wachstum

beeinflusst? Wir können die Fortschritte zwar von außen beobachten, aber erst seit Kurzem zumindest Einzelheiten des inneren Mechanismus verstehen.

Die modernen Untersuchungen hierzu beruhen auf zwei Beiträgen: Der eine befasst sich mit dem körperlichen Wachstum. Die inneren Drüsensekrete spielen hierbei eine ausschlaggebende Rolle, ihre Bedeutung ist dementsprechend in der Kinderpflege schnell erkannt worden. Der andere Beitrag öffnet neue Wege zum Verständnis der psychischen Entwicklung. Hier geht es um die Erforschung der sensitiven Zeiträume. Der holländische Wissenschaftler De Vries* hat bei Versuchen mit Tieren die sensitiven Perioden entdeckt. Wir konnten, darauf aufbauend, in unseren Schulen auch beim Kind diese besondere Sensitivität zu bestimmten Zeiten nachweisen und sie für die Erziehung nutzen.

Während des kindlichen Wachstums gibt es in unterschiedlichen Bereichen eine vorübergehende besondere Sensibilität. Sie dauert nur so lange, bis mithilfe von Impulsen eine bestimmte Charaktereigenschaft erworben ist. Die kindliche Entwicklung beruht also nicht auf irgendwelchen vagen oder geerbten Einflüssen. Vielmehr bildet sie sich instinktiv durch ständige, ganz genau ausgeführte

* Hugo Marie de Vries (*1848 in Haarlem, †1935 in Lunteren), Professor für Pflanzenphysiologie und Evolutionsforschung, Ordinarius der Universität Amsterdam.

Handlungen. Diese können periodisch wiederkehren oder vorübergehen. Sie führen zu einer bestimmten Aktivität, die sich von der eines Erwachsenen unterscheiden kann.

De Vries wies die sensitiven Perioden zum ersten Mal bei Insekten nach, die in ihrer Entwicklung Metamorphosen durchmachen und leicht zu beobachten sind. Nehmen wir als Beispiel die unscheinbare Raupe eines einfachen Schmetterlings. Man weiß, dass diese Raupen gefräßig sind, rasch wachsen und sich nur von den zartesten Blättern ernähren, die sich an der Spitze eines Zweiges befinden. Die „gute Mutter" des Schmetterlings weiß instinktiv, dass sie ihre Eier genau am entgegengesetzten Ende einnisten muss, dort, wo der Zweig aus dem Ast herauswächst und die Eier geschützter liegen. Woher wissen die gerade erst geschlüpften Raupen, dass sie sich auf den langen Weg bis zur Zweigspitze machen müssen, um die zarten Blätter zu finden, die sie vertragen? Helligkeit ist des Rätsels Lösung. Die ganz junge Raupe reagiert äußert sensibel auf Licht: Es zieht sie an. Sie kriecht ihm nach und gelangt so zur Spitze des Zweiges mit den zarten Blättern, zu ihrer Nahrung. Kaum ist diese Zeitspanne zu Ende, kaum verträgt die Raupe andere Nahrung, verliert sie diese Lichtempfindlichkeit. Sie folgt anderen Wegen auf der Suche nach Nahrung. Ihr Instinkt ist blind geworden, möchte man meinen, er reagiert einfach nicht mehr auf Licht.

Eine plötzlich aktiv gewordene Sensibilität lässt von einem Moment zum anderen aus der Schmetterlingsraupe so etwas wie einen Verdauungs-Fakir [Asket] entstehen. In dieser Zeit der rigorosen Verdauung stellt sie eine Art Sarg her, in dem sie leblos verharren wird. Diese für die Verpuppung geleistete Arbeit ist unumgänglich. Denn in der Abgeschlossenheit bereitet das Lebewesen seine erwachsene Gestalt als Schmetterling vor: Eine leuchtende Schönheit mit bezaubernden Flügeln.

Von den weiblichen Bienenlarven wissen wir, dass sie alle durch einen Entwicklungszustand gehen, in dem sie Königin werden könnten. Die Gemeinschaft wählt jedoch nur eine von ihnen aus, für die die Arbeiterbienen sofort eine besondere Substanz herstellen, das Gelée royale. Durch diese gehaltvolle Nahrung wird sie zur Königin. Sollte nach einiger Zeit eine andere Bienenlarve ausgewählt werden, so ist die Zeitspanne der abnormen Gefräßigkeit vorüber, ihr Körper kann sich nicht mehr zur Königin entwickeln.

Dieser Vorgang lässt uns entsprechend auch die kindliche Entwicklung verstehen. Auf einen Energieschub, der zu wunderbaren und erstaunlichen Fortschritten führt, folgt eine gleichgültige Ruhephase. Hierauf kann der Erwachsene von außen nicht einwirken. Hat nun das Kind diese sensitive Periode nicht ausleben können, kann sie später nicht mehr wiederholt werden, die Möglichkeit einer natürlichen Aneignung ist für immer verloren.

Von den weiblichen Bienenlarven wissen wir, dass sie alle durch einen Entwicklungszustand gehen, in dem sie Königin werden könnten.

Während seiner psychischen Entwicklung erwirbt das Kind höchst erstaunliche Fähigkeiten. Weil diese Wunder immer wieder vor unseren Augen geschehen, nehmen wir sie nicht mehr wahr und reagieren unsensibel. Wie kann ein Kind, das aus dem Nichts kommt, überhaupt fähig sein, sich in unserer komplizierten Welt zu orientieren? Wie gelingt es ihm, Dinge zu unterscheiden? Welches Wunder befähigt es, eine Sprache bis in ihre kleinsten Feinheiten ohne Lehrer zu erlernen? Es lebt einfach, fröhlich und unermüdlich. Demgegenüber ist ein Erwachsener auf Hilfe angewiesen, um sich in einer neuen Umgebung zurechtzufinden, und die Perfektion einer in der Kindheit erlernten Muttersprache kann er praktisch nicht mehr erlangen.

Das Kind erwirbt seine Fähigkeiten also in den sensitiven Perioden. Sie sind vergleichbar mit einem inneren Leuchtturm oder einem elektrisch aufgeladenen Zustand, der phänomenale Leistungen erlaubt. Sie versetzen das Kind in die Lage, sich aktiv mit der Außenwelt zu verbinden. Alles ist einfach, alles ist Enthusiasmus und Leben, jede Bemühung vergrößert das Können. Erst nach dem Ende dieser sensitiven Phase setzen Gleichgültigkeit und Müdigkeit ein.

Erlischt eine psychische Passion, flammen andere auf, ständig erwirbt das Kind neue Fähigkeiten, das Leben vibriert. Wir alle kennen diese Freude, dieses kindliche Glück. In dieser besonderen psychischen Flamme, die nicht verzehrt, vollziehen sich die kreativen Entwicklungen der menschlichen Psyche. Sie können nach dem Ende dieser sensitiven Periode nur noch mühsam und über den Verstand erworben werden, der Wille erlahmt. Hier sehen wir den fundamentalen Unterschied der kindlichen Psyche zu der eines Erwachsenen. In der sensitiven Zeit erwirbt ein Kind ganz natürlich Fähigkeiten, die an Wunder grenzen. Jede Störung in dieser Zeit bewirkt eine Verwundung, deren Narben wir alle unbewusst in uns tragen.

Dieser aktive Erwerb von Charaktereigenschaften ist bisher weitgehend von uns unbemerkt geschehen. Trotzdem haben wir die starken, schmerzhaften Reaktionen des Kindes beobachtet, wenn es in seiner vitalen Aktivität beeinträchtigt wird. Da

wir die Gründe hierfür nicht kennen, halten wir auch seine Abwehr unserer Beruhigungsversuche für unbegründet und sprechen von trotziger Launenhaftigkeit. Bestehen ihre Ursachen fort, verstärkt sich dieser Trotz mit der Zeit, ohne dass wir ihn beeinflussen können.

Die vom Kind in seinem Inneren während einer sensitiven Periode selbst ausgetragenen Konflikte können manches erklären. Nicht alles, zumal diese Launen schon durch falsche Erziehung entstanden und verstärkt sein können. Äußere Beeinträchtigungen jedoch bewirken eine nicht wiedergutzumachende Störung der künftigen seelischen Entwicklung.

Sind die Ursachen seiner Unzufriedenheit, seines Unbehagens erkannt und behoben, verschwinden die Launen des Kindes sofort, selbst wenn es sich vorher fast krankhaft aufgeregt hat. Machen wir uns also auf die Suche nach dem Grund des „launischen" Verhaltens, solange wir ihn noch ausmachen können. Er kann uns zu den geheimen inneren Wegen der kindlichen Seele führen, zu Verständnis und Frieden miteinander.

Ergründen der sensitiven Perioden

Die Inkarnation und die sensitiven Perioden sind gleichsam ein Durchschlupf, sie gestatten uns, einen Blick in das Innere der Seele zu werfen, in die inneren Organe, die das seelische Wachstum des

Kindes bewirken. Wir haben gesehen, dass die psychische Entwicklung keinesfalls durch Zufall oder durch äußere Anreize geschieht, sondern geleitet wird von vorübergehenden, zeitlich begrenzten Sensibilitäten, die mit dem Erwerb verschiedener Charaktereigenschaften verbunden sind. Die äußeren Umstände haben für diesen Aufbau selbst keine Bedeutung. So, wie die Umwelt dem Körper Nahrung und Atmung ermöglicht, stellt sie entsprechend lediglich die notwendigen Mittel für die seelische Entwicklung zur Verfügung.

In den sensiblen Zeiträumen spricht das Kind besonders auf diejenigen Gegebenheiten seiner Umwelt an, die es für seine innere Entwicklung braucht. Wie das geschieht? Nun, das Kind wird für gewisse Dinge sensibilisiert, wie in einem Lichtkegel sieht es nur diese, alles andere wird ausgeblendet. Seine kleine psychische Welt ist erleuchtet, das Kind hat den intensiven Wunsch, sie in sich aufzunehmen. So lernt es beispielsweise, sich in der Außenwelt zu orientieren oder seine Motorik bis in feinste Einzelheiten zu entwickeln.

In dieser sensitiven Zusammenarbeit zwischen Kind und Umwelt liegt der Schlüssel zum geheimsten Inneren, in dem der spirituelle Embryo das Wunder seines Wachstums vollbringt.

Wir können uns diese großartige kreative Aktivität als eine Serie lebhafter Emotionen vorstellen, die aus dem Unterbewusstsein aufsteigen und im Kontakt mit der Umwelt das Bewusstsein des Menschen

aufbauen. Von etwas Ungeordnetem ausgehend, gelangen sie zu einer Unterscheidung und dann zur eigenen Aktivität. Denken wir an den Erwerb der Sprache. Während die Laute, die es umgeben, lange für das Kind wirr und unverständlich sind, leuchten sie plötzlich auf, werden verständlich, anziehend, verlockend. Die ersten Töne der Sprache werden noch kaum verständlich artikuliert. Die kleine Seele hört, ohne zu denken, eine Art Musik, die ihre Welt erfüllt. Dann geraten verborgene Faserzellen des Kindes in Bewegung, die bis dahin nur vibriert haben, um unartikuliert zu schreien. Sie erwachen zu einer regelmäßigen, geordneten Bewegung, ihre Vibration ändert sich. Eine neue Zeit kündigt sich an im Kosmos des spirituellen Embryos, er aber lebt konzentriert und intensiv ganz in der Gegenwart. Stolz auf seine Leistung empfindet er nicht.

Ganz langsam erkundet das Ohr die Töne, die Zunge bewegt sich auf eine neue Weise: Sie, die bisher nur saugen konnte, beginnt, innere Vibrationen wahrzunehmen, sucht die Kehle, die Lippen, die Wangen, als gehorche der Embryo einer unwiderstehlichen Kraft. Diese unlogisch erscheinenden Vibrationen haben ein eigenes Leben. Noch aber bereiten sie dem Kind nur ein unvergleichliches Vergnügen.

Das Kind ist gänzlich von höchster Freude erfüllt, wenn es mit geschlossenen Fäusten und erhobenem Kopf intensiv den sich bewegenden Lippen einer sprechenden Person folgt.

Es durchlebt die sensitive Periode: Unbelebtes wird durch den Hauch Gottes, durch Seele und Geist belebt.

Es ist ein Drama der Liebe, das sich im Inneren des Kindes abspielt: Sie allein ist die große Wirklichkeit in den verborgenen Bereichen der Seele. Liebe ist die immense Wahrheit, die die Seele des Kindes nach und nach ganz erfüllt. Geschehen in demütiger Stille solche Wunder, hinterlassen sie unauslöschliche Spuren. Sie sind es, die dem Menschen Größe und einen wertvollen Charakter verleihen.

Still und unbemerkt, so geschieht die mühsame Entwicklung der Sprache innerhalb der größten sensitiven Periode des Kindes so lange, bis schließlich die äußeren Bedingungen den inneren Bedürfnissen entsprechen und Personen es umgeben, von denen es sprechen lernen kann. Wir können diesen sensitiven inneren Zustand des Kindes nur dadurch mitempfinden, dass wir sein Lächeln wahrnehmen, seine offenbare Freude, wenn wir kurze Worte zu ihm sagen, klar und deutlich sprechen, sodass es, wie etwa beim Glockenläuten, Töne unterscheiden kann. Ebenso, wenn wir miterleben, wie das Kind zur Ruhe kommt, wenn der Erwachsene ihm ein Schlaflied singt, immer dieselben Worte wiederholt, und es glückselig die bewusste Welt verlässt. Wir genießen das, deshalb gehen wir zärtlich mit dem Kind um, geben ihm Kosenamen und freuen uns über sein strahlendes Lächeln. Schon immer gehen unzählige Menschen abends an das Kinderbettchen

und sind tief berührt, wenn das Kind auf den Trost einer Gutenachtgeschichte besteht, um in die Welt der Träume hinüberzugleiten.

Das sind positive Anzeichen der kreativen Sensibilität. Aber wir erleben sie auch negativ, wenn nämlich die Umwelt ihren natürlichen inneren Ablauf verhindert. Dann kann es zu wütenden oder verzweifelten Reaktionen kommen, die wir verständnislos als Laune abtun. Dabei drücken sie nur eine innere Störung aus, ein unerfülltes Bedürfnis, das zu Spannungen führt. Die kindliche Seele ruft um Hilfe, sie verteidigt sich in ihrer Not. Unnötige, unkoordinierte Aktivitäten nehmen zu, hohes Fieber kann sich selbst bei unbedeutenden Krankheiten plötzlich einstellen. Ein seltsames Fieber, das so schnell, wie es gekommen ist, vergeht, wenn die hohe psychische Sensibilität des Kindes sich ungestört ausleben kann. Diese Reaktionen, die schon gleich nach der Geburt auftreten können, wurden gern als krankhaft trotzige Launen abgetan oder, schlimmer noch, sogar als Beweis angesehen für die angeborene Verderbtheit des menschlichen Geschlechts. Jede körperliche Funktionsstörung werten wir als Krankheit, das Gleiche gilt für psychische Störungen. Die ersten sogenannten Launen des Kindes sind die ersten Erkrankungen seiner Seele.

Diese pathologischen psychischen Störungen wurden als erste bemerkt, weil Unruhe und Unausgeglichenheit Probleme bereiten, die behoben werden sollten. Natürliche Abläufe hingegen fallen

niemandem besonders auf. So blieben auch die äußeren Anzeichen der vitalen schöpferischen Kräfte unbemerkt, ebenso die Funktionen, die sie erhalten.

Für lebende Wesen gilt entsprechend das Gleiche wie für Objekte, die wir herstellen. Erst, wenn sie fertig sind, werden sie ausgestellt und sichtbar, die Werkstätten bleiben dem Publikum verschlossen, obwohl sie der interessanteste Teil sind. Zweifellos funktioniert der Körper bewundernswert, aber niemand bemerkt das wunderbare Zusammenspiel der verschiedenen inneren Organe. Das Lebewesen selbst, das durch sie lebt, nimmt ihre großartige Organisation nicht wahr. Die Natur arbeitet im Stillen wie die christliche Barmherzigkeit: „Es soll die Rechte nicht wissen, was die Linke tut." Das harmonische Gleichgewicht dieser Energien nennen wir „Gesundheit" oder „Normalität". Gesundheit! Sie ist der Triumph des Ganzen über das Einzelne: der Triumph, das Ziel zu erreichen.

Wenn es um Krankheit geht, erfassen wir objektiv alle Einzelheiten, während die mühsam erarbeiteten inneren Wunder und ihre Auswirkungen auf die Gesundheit unerkannt bleiben. Krankheiten sind medizin-historisch gesehen schon seit undenklichen Zeiten bekannt. Es haben sich Spuren chirurgischer Eingriffe schon bei prähistorischen Menschen gefunden und die Wurzeln der Medizin gehen auf ägyptische und griechische Kulturen zurück. Die Erforschung der inneren Organe und ihrer Funktionen jedoch ist noch jung. Die Entdeckung

des Blutkreislaufs erfolgte erst im 18. Jahrhundert, die ersten Obduktionen des menschlichen Körpers wurden bereits um 1600 durchgeführt. Langsam, sehr langsam hat also die Pathologie, haben Krankheiten indirekt dazu geführt, die Geheimnisse des gesunden Körpers und seine normalen Funktionen zu enthüllen.

Dass also zunächst nur die physischen Krankheiten des Kindes erfasst wurden und die Arbeit der Seele unbekannt blieb, wird umso verständlicher, als sich die psychischen Feinheiten im Dunkeln, im Geheimen entwickelten, ohne die Möglichkeit sich zu manifestieren.

Das ist nicht überraschend: Wir Erwachsenen kannten die kindliche Seele ausschließlich in der Form ihrer Krankheiten. Wie alle noch nicht entdeckten Energien des Universums blieb uns die Seele selbst verborgen.

Das gesunde Kind entspricht dem Mythos, Gott habe den Menschen nach seinem Bilde erschaffen. Wir aber sehen nur die fehlerhafte Form des ursprünglichen Bildes vor uns.

Das psychische Leben des Kindes ist ständigen Gefahren ausgesetzt. Es bedarf der Hilfestellung, daher muss seine Umwelt unbedingt darauf vorbereitet sein, es liebevoll zu empfangen. Das Kind ist praktisch „ausgesetzt“ in der Welt. Alleingelassen kommt es zu unheilvollen Begegnungen, zu unbewussten psychischen Kämpfen, die es deshalb nicht weniger

real empfindet, die nicht weniger fatal sind für die Vollendung seiner Entwicklung.

Der Erwachsene steht dem Neugeborenen hierbei nicht ausreichend zur Seite, weil er nicht einmal ahnt, welche Kraft es aufwenden muss. Noch weniger nimmt er wahr, welches *Wunder sich gerade vollzieht.* Das Wunder der Menschwerdung aus dem Nichts heraus, vollbracht durch ein angeblich seelenloses Wesen!

Unser heutiges Wissen verlangt dementsprechend eine ganz neue Art, mit dem Kind umzugehen. Es ist viel zu lange als ein kleiner vegetativer Körper mit rein hygienischen Bedürfnissen behandelt worden. Heute haben die wahrnehmbaren psychischen Aktivitäten Vorrang und damit sind die zukunftsweisenden Zuwendungen des Erwachsenen besonders wichtig. Er kann seine Augen nicht länger vor der psychischen Realität, die sich im Neugeborenen verwirklicht, verschließen. Seine Aufgabe ist es, das Kind zu begleiten und ihm von Beginn an hilfreich beizustehen. Nicht, um in seine Entwicklung einzugreifen, denn diese Aufgabe übernimmt die Natur, sondern um die sichtbaren Formen feinfühlig zu respektieren und das Kind in dem zu unterstützen, was es aus eigener Kraft noch nicht verwirklichen kann.

Wenn wir davon ausgehen, dass die im gesunden Kind verborgenen Energien bisher noch nicht erforscht sind, und wenn das psychische Leben sich bisher für den Erwachsenen allein vor dem

Hintergrund von Funktionsstörungen abspielt, dann sollten wir über die große Zahl von Störungen nachdenken, mit denen wir es zu tun haben. Als man die Bedeutung der Hygiene im Säuglingsalter noch nicht erkannt hatte, erschreckte die unglaublich hohe Zahl der Kindersterblichkeit. Aber nicht nur sie war ein Phänomen der Zeit. Denken wir an die vielen blinden und rachitischen* Kinder, es gab unzählige Missgeburten, Krüppel und Gelähmte. Außerdem körperlich Geschwächte, die anfällig waren für Tuberkulose, Lepra und Skrofulose**.

Ein ähnliches Bild ergibt sich für uns auf seelischem Gebiet, wenn wir der psychischen Hygiene des Kindes keine Beachtung schenken und nichts vorbereiten, um seine seelische Entwicklung zu schützen, sie unter Umständen zu retten. Ja, wir kennen nicht einmal die verborgenen Aufgaben der Seele, ihre Schwingungen, um eine spirituelle Harmonie zu erreichen.

Kinderseelen, die sich gar nicht erst entwickeln konnten, sehen wir nicht, sie sterben ab. Aber wir erleben viele gestörte, blinde, schwache und zurückgebliebene Seelen. Hinzu kommen Hochmut, Machtgier, Geiz und Jähzorn. Alles Eigenschaften, die sich dann herausbilden, wenn die seelischen

* Rachitis: durch Mangelernährung gestörte Mineralisation der Knochen und der Wachstumsfugen

** Hauterkrankung, meist Hauttuberkulose

Funktionen durcheinandergeraten sind. Um es noch einmal klarzustellen: Dieses Bild ist nicht rhetorisch gemeint, es ist kein Vergleich, sondern es zeigt die erschreckende Wirklichkeit des gegenwärtigen seelischen Zustandes eines Kindes, beschrieben mit denselben Worten, wie sie bis vor kurzem noch auf die körperliche Entwicklung zutrafen.

Schon kleine Ursachen, die auf die Entstehung des Lebens einwirken, können tiefgreifende Folgen haben: Der Mensch wächst und reift in einem spirituellen Ambiente heran, das nicht sein eigenes ist. Er lebt, aber er hat, wie die Alten sagten, das Paradies seines Lebens verloren.

Beobachtungen und Beispiele

Um die Existenz eines psychischen Lebens schon bei kleinsten Kindern nachzuweisen, können wir, anders als bei der Experimentalpsychologie, nicht auf wissenschaftliche Versuche zurückgreifen. Einige moderne Psychologen haben sich vergeblich darum bemüht, indem sie die Sensibilität der Kinder stimulierten, um ihre Aufmerksamkeit zu wecken, in Erwartung irgendeiner motorischen Äußerung als *psychische Antwort*.

Nichts wird innerhalb des ersten Lebensjahres bewiesen werden können, solange noch keine spirituelle Beziehung unter den einzelnen Bewegungsorganen vorhanden ist. Das heißt, bevor die

Beseelung oder Inkarnation sich nicht bereits im Stadium der Entwicklung befindet.

Vor der Ausführung einer vom Willen geleiteten Bewegung muss bereits ein psychisches Leben bestehen, auch im Embryo.

Das ändert nichts daran, dass der erste Impuls durch ein Gefühl ausgelöst wird. So hat zum Beispiel Lewin* durch seine psychologischen Lehrfilme gezeigt, dass das Kind, wenn es ein Objekt haben möchte, sich mit seinem ganzen Körper dorthin streckt. Erst sehr viel später werden ihm mit wachsender motorischer Koordination einzelne Bewegungen möglich, sodass es beispielsweise nur noch die Hand zum gewünschten Objekt ausstreckt.

Ein anderes Beispiel sehen wir bei einem viermonatigen Kind, das aufmerksam den Mund eines Erwachsenen beobachtet, der gerade spricht. Es drückt sich, angezogen von diesem interessanten Phänomen, mit unbestimmten, noch stummen Lippenbewegungen aus, aber vor allem mit seinem starr erhobenen Kopf. Erst mit sechs Monaten wird das Kind einige Silben mit seinen Stimmbändern artikulieren können. Aber schon vorher besteht ein sensibles Interesse an Lautverbindungen.

* Kurt Lewin (* 1890 in Mogilno, Provinz Posen, † 1947 in Newtonville, USA), Begründer der modernen experimentellen Sozialpsychologie, Professor u.a. an der Friedrich-Wilhelm-Universität, Berlin.

Unbemerkt werden die Sprachorgane belebt, und zwar durch bereits vorhandene seelische Anreize. Diese empfindsamen Momente können wir sicherlich beobachten, aber nicht erforschen. Vertreter der experimentellen Psychologie haben das vergeblich versucht. Aber Vorsicht ist geboten, denn von außen zur falschen Zeit erfolgte Einwirkungen auf die konstruktiven Energien, könnten die feinen, sich im Geheimen vollziehenden Arbeiten der kindlichen Seele beeinträchtigen.

Wir können allerdings das psychische Leben des Kindes auf die gleiche Weise beobachten, wie Fabre* bei den Insekten vorgegangen ist. Um sie nicht zu stören, hat er sie unbemerkt in ihrem normalen Umfeld studiert. Wir sollten damit beginnen, sobald die Sinne bewusst Umwelteindrücke aufnehmen und speichern, wenn sich also das Leben des Kindes spontan entwickelt.

Wir brauchen keine besonderen Fähigkeiten, keine Apparaturen, sondern nur den Wunsch, der kleinen Seele als ihre natürlichen Verbündeten zu helfen.

Eine hierfür geeignete Situation zeigt uns, wie einfach wir vorgehen können. Wir wissen, dass das Kind zunächst immer liegt, weil es nicht aufstehen kann. Es sollte in dieser Zeit seine ersten sensiblen

* Jean-Henri Fabre (* 1823 in Saint-Léons, † 1915 in Vaucluse), Naturwissenschaftler.

Eindrücke von der Umwelt aufnehmen, vom Himmel, von der Erde. Aber gerade den Anblick des Himmels verwehren wir ihm. Es kann bestenfalls die weiße, glatte Zimmerdecke betrachten oder seine Bettdecke. Dabei ernährt es von diesen ersten Eindrücken seine hungrige Seele. Die Einsicht, dass das Kind etwas von seiner Umwelt sehen sollte, hat den Erwachsenen dazu bewogen, ihm einige hin und her schaukelnde Gegenstände zu zeigen, etwa einen Ball an einem Faden. Da das Kind seinen Kopf jedoch noch nicht bewegen kann, muss es seine Augen über Gebühr anstrengen, um der Bewegung zu folgen. Es leistet eine Anstrengung, die ihm aufgrund der unpassenden, künstlichen Lage seines Kopfes nur schaden kann.

Es würde schon genügen, den Kopf ein wenig anzuheben und das Kind leicht abschüssig zu lagern, damit der Blick die gesamte nähere Umwelt erfassen könnte. Besser noch wäre es, das Kind in den Garten zu stellen, damit es die leichten Bewegungen der Pflanzen und Blumen sowie kleine Vögel beobachten könnte.

Hierbei müssen wir darauf achten, dass das Kind eine gewisse Zeit in derselben Umgebung bleibt, damit es die Dinge wieder und wieder beobachten und feststellen kann, ob es sich um Lebewesen handelt oder um Gegenstände, auch dann, wenn sie einen anderen Platz bekommen haben.

8. Die Ordnung

Die äußere Ordnung

IN EINER DER WICHTIGSTEN und noch im Dunkeln liegenden sensitiven Perioden wird das Kind für die Ordnung sensibilisiert.

Die Empfänglichkeit zeigt sich vom ersten Lebensjahr an und setzt sich im zweiten fort. Uns scheint es wunderbar und fast absonderlich, dass schon das kleine Kind auf äußere Ordnung reagiert. Wo wir doch eigentlich überzeugt sind, es sei von Natur aus unordentlich.

Diese Empfindsamkeit zu beurteilen, ist schwierig, wenn das Kind in der abgeschlossenen Umgebung eines Stadthauses voller großer und kleiner Gegenstände lebt, die der Erwachsene aus für das Kind unverständlichen Gründen ständig hin- und herbewegt. In dieser sensiblen Periode versucht das Kind, seiner dadurch entstandenen Verwirrung Herr zu werden.

Manchmal erleben wir, dass das Kind ohne ersichtlichen Grund untröstlich ist. In der Seele des kleinen Wesens existieren verborgene Geheimnisse, die der Erwachsene nicht kennt. Es genügt vollauf, eine Notwendigkeit für sein Verhalten zu vermuten und das Kind sorgfältig dahingehend zu beobachten, welche Gefühle sich auf diese Weise ausdrücken.

In der Seele des kleinen Wesens existieren verborgene Geheimnisse, die der Erwachsene nicht kennt.

Schon im Alter von eineinhalb bis zwei Jahren entwickelt das Kleinkind eine charakteristische, wenn auch noch angedeutete Liebe zu einer äußeren Ordnung. Es braucht eine sichere, geordnete Umwelt, es leidet regelrecht unter Unordnung, die es als Ungewissheit empfindet. Es äußert seinen Schmerz in verzweifeltem Weinen bis hin zu einer anhaltenden Unruhe oder sogar Erkrankung. Das kleine Kind empfindet Unordnung im Gegensatz zu Erwachsenen und größeren Kindern sofort. Diese Periode ist weitgehend unerforscht, denn sie verschwindet im Laufe der weiteren Entwicklung.

Befindet sich das Kleinkind in einer für seine Bedürfnisse ungeeigneten Umgebung, können diese interessanten, sich friedlich entwickelnden

Manifestationen umschlagen in Angstgefühle, sie erscheinen uns rätselhaft und launisch.

Um positive Äußerungen dieser besonderen Sensibilität zu erleben, nämlich Zufriedenheit, Freude und Enthusiasmus, müssen wir Erwachsene frühkindliche Studien betreiben. Umso mehr, als diese sensitive Periode der Ordnung sich nur in den ersten Lebensmonaten zeigt. Daraus ergibt sich, dass uns am besten die *Nurses*, die für unsere Richtlinien offen sind, die entsprechenden Beispiele geben können: Eine *Nurse* beobachtete, wie ein fünfmonatiges Mädchen sich über einen weißen Marmorstein freute, der in eine antike Mauer eingelassen war. Bei dem täglich gleichbleibenden Spaziergang interessierte es sich allein für diesen Stein. Blumen oder andere Dinge beachtete es überhaupt nicht. Es sind also in der Regel unerwartete Gegenstände, auf die sich die frühkindliche Sensibilität richtet.

In einem anderen Fall irritierte ein Sonnenschirm, den eine Besucherin im Kinderzimmer auf einem Tischchen abgelegt hatte, ein rund sechsmonatiges Mädchen so sehr, dass es in Tränen ausbrach. Alle Versuche es zu beruhigen oder abzulenken, scheiterten, das Kind schrie unentwegt. Plötzlich hatte die Mutter eine Eingebung: Sie nahm den Schirm vom Tisch und trug ihn ins Nebenzimmer. Sofort war Ruhe. Dieser „falsch“ abgelegte Schirm störte also ganz erheblich die übliche Ordnung, mit deren Hilfe das Kind sich orientieren und etwas wiedererkennen konnte.

Ein weiteres Beispiel: Ich war mit einem eineinhalb Jahre altem Kind in einer kleinen Gesellschaft in der „Grotta di Nerone“. Bei mir war eine junge Frau mit einem Kleinkind, das nach einiger Zeit den Weg zu Fuß nicht mehr schaffen konnte. Sie nahm es auf den Arm. Aber sie hatte ihre Kräfte überschätzt und als ihr zu warm wurde, zog sie den Mantel aus, legte ihn über den Arm und nahm ihr Kind wieder hoch. Es begann sofort zu weinen und ließ sich von der Mutter, die immer erschöpfter und nervöser wurde, nicht beruhigen. Alle boten ihre Hilfe an. Immer aufgeregter wanderte das Kind von Arm zu Arm. Es schien am besten, dass die Mutter das Kind wieder nähme. Aber inzwischen hatte seine „Laune“ ihren Höhepunkt erreicht.

In dieser verzweifelten Situation griff der Leiter der Gruppe ein. Mit männlicher Entschlossenheit nahm er das Kind fest in seine Arme. Es reagierte nur umso heftiger. Die Situation war zum Verzweifeln. In meiner Überzeugung, dass solche Reaktionen immer psychologisch zu begründen sind und auf einer besonderen inneren Sensibilität beruhen, machte ich einen Versuch. Ich fragte die Mutter, ob ich ihr helfen dürfe, den Mantel wieder anzuziehen. Sie stimmte zu, obwohl es ihr sinnlos erschien. Aber welch ein Wunder! Schlagartig versiegten die Tränen. „Mantel“, sagte das Kind und, „Schultern“. Der Mantel störte sein Bild von der Mutter, er gehörte auf ihre Schultern und nicht, wie ein Lappen über ihren Arm gelegt.

Ein weiteres Familienbild, welches ich miterlebte und die Situation erhellt: Die Mutter, lang ausgestreckt in einem Sessel, las ihrer Tochter, kaum 20 Monate alt, eine Geschichte vor. Auf den Armlehnen lagen zwei Kissen. Die Mutter fühlte sich nicht wohl, musste aufstehen und sich im Nebenzimmer ins Bett legen. Das Kind blieb beim Sessel und begann zu weinen. Alle Anwesenden glaubten, es weine, weil die Mutter krank geworden sei, und versuchten vergeblich, es zu trösten. Als das Dienstmädchen erschien, um die beiden Kissen von den Armlehnen mitzunehmen, schrie das kleine Mädchen: „Nein, die Kissen nicht!", als wollte es sagen: „Etwas wenigstens muss an seinem Platz bleiben."

Liebevoll wurde die Kleine an das Bett der Mutter gebracht, die das Märchen fortsetzte in dem Glauben, ihre Tochter sei so gespannt, wie die Geschichte weiterging. Aber unter Tränen brachte es hervor: „Mama, Sessel." Mutter und Kissen gehörten auf den Sessel, sonst war die Welt nicht in Ordnung. Dort musste auch die Geschichte weitergelesen werden. In der kleinen Seele war ein dramatischer Konflikt entstanden.

Diese Beispiele beleuchten die Intensität des Instinktes, wobei hier die außergewöhnliche Frühreife erstaunt. Denn die betonte Notwendigkeit, dass die Ordnung bestehen bleibe, geht normalerweise bereits in die Periode über, in der das Kind selbst aktiv wird und für Ordnung sorgt. Wir beobachten an unseren Schulen und Kindergärten hierzu interessante

Verhaltensweisen. Bemerkt ein zweijähriges Kind, dass ein Gegenstand sich nicht an seinem Platz befindet, geht es hin, um Ordnung zu schaffen. Hierbei fallen ihm selbst kleinste Anzeichen einer Unordnung auf, während Erwachsene und größere Kinder achtlos daran vorübergehen. Liegt zum Beispiel ein Stückchen Seife separat auf einem kleinen Tisch, statt in der Seifenschale, steht ein Stuhl schräg oder nicht am gewohnten Platz, so wird das zweijährige Kind es bemerken und in Ordnung bringen.

Zur Zeit der Ausstellung von San Francisco im Eröffnungsjahr des Panama-Kanals 1914, konnte man Ähnliches in unserer gläsernen Schule beobachten, die im zentralen Raum des „Edificio Maggiore" aufgebaut worden war: So war ein zweijähriges Kind nach Erledigung seiner Aufgaben damit beschäftigt, in der Schule alle Stühle zurück an ihren ursprünglichen Platz an der Wand zu stellen. Während seiner Arbeit schien es zu überlegen. Eines Tages, während es einen großen Stuhl zurückstellte, hielt es unentschieden inne, trat zurück und stellte den Stuhl dann leicht schräg hin. Und tatsächlich, das war seine ursprüngliche Position gewesen.

Man könnte sagen, die Ordnung sei ein Ansporn, um aktiv zu werden. Aber es steckt offenbar noch mehr dahinter. Es handelt sich hierbei um eine der Tätigkeiten, die eine wahre Lebensfreude vermitteln. Wir beobachten in unseren Schulen, dass auch Kinder, die viel älter als drei oder vier Jahre sind, nach Beendigung ihrer Aufgaben, spontan und mit

Vergnügen die Sachen zurück an ihren Platz stellen. Hieran erleben wir nämlich, was die Erinnerung an die vorherige Ordnung bedeutet: „Ich kenne mich in meiner Umgebung aus!“ Das Kind hat diese Einzelheiten verinnerlicht, das heißt, hier in Reichweite kann sich die Seele mit geschlossenen Augen zurechtfinden. Ein solcher Ort ist für die innere Ruhe und Lebensfreude des Kindes unverzichtbar. Allerdings entspricht diese kindliche Ordnungsliebe durchaus nicht immer dem, was ein sachlicher Erwachsener als Ordnung-Schaffen bezeichnen würde.

Für den Erwachsenen geht es nur um eine äußere Form des Wohlbefindens, sie ist ihm nicht so wichtig. Das Kind jedoch entwickelt sich selbst mithilfe seiner Umwelt. Dafür braucht es nicht irgendwelche Vorgaben, sondern Sicherheit und eine genaue und sinnvolle Anleitung.

Ordnung ist für die Kleinen wie ein Stock, an dem wir Menschenkinder auf Erden einen Halt finden. Sie ist so wichtig wie für die Fische das Wasser. In der ersten Kindheit sammeln wir die Orientierungspunkte, mit deren Hilfe unser Geist sich entwickeln kann.

Mit wie viel Lebensfreude diese Entwicklung vorangeht, beweisen einige kindliche Spiele. Uns erscheinen sie unlogisch, aber sie zeigen, mit welchem Vergnügen die Kleinen die Dinge an ihrem richtigen Platz wiederfinden. Hierzu berichtet Professor Piaget* aus Genf von seinen Erfahrungen mit seinem Kind Folgendes: Er versteckte im Beisein des

Kleinen einen Gegenstand unter dem Kissen eines Sessels. Als das Kind hinausgegangen war, versteckte Professor Piaget diesen Gegenstand unter dem gleich aussehenden Kissen des Nachbarsessels. Er nahm an, sein Kind werde den Gegenstand woanders suchen, wenn er es unter dem ersten Kissen nicht mehr fände. Weit gefehlt. Das Kind sagte nur bedauernd: „Es ist nicht mehr da." Daraufhin ließ Professor Piaget sein Kind zusehen, wie er den Gegenstand unter das zweite Kissen legte. Aber der Kleine suchte wieder nur unter dem Kissen des ersten Sessels und wandte sich erneut enttäuscht mit denselben Worten ab. Unmutig über die vermutete Dummheit seines Kindes, nahm der Professor das zweite Kissen hoch und fragte: „Hast du nicht gesehen, wohin ich es gelegt habe?"

„Doch", war die Antwort, „aber es gehört auf den ersten Sessel." Nur der richtige Platz war wichtig, nicht der Gegenstand. Bestimmt war sein Kind überzeugt, der Vater habe das Spiel überhaupt nicht verstanden.

Ich selber war höchst erstaunt, als ich das Versteckspiel von zwei- bis dreijährigen Kindern erlebte. Sie waren aufgeregt und voll froher Erwartung. Ihr Spiel lief so ab: Das erste Kind versteckte sich im Beisein der anderen unter der herabhängenden

* Jean Piaget (* 1896 in Neuchâtel, † 1980 in Genf), Biologe und Pionier der kognitiven Entwicklungspsychologie.

Tischdecke. Sie gingen vor die Tür, kamen wieder hinein und entdeckten mit Jubelgeschrei das Kind unter dem Tisch. Ununterbrochen wiederholte sich das gleiche Spiel, bis alle Kinder einmal unter dem Tischtuch gefunden worden waren. Größere Kinder dachten manchmal, das versteckte Kind würde sich freuen, wenn sie es erst vergeblich woanders suchten. Aber dann kam unter dem Tisch die empörte Stimme hervor: „Hier bin ich doch!", als wollte es sagen: „Habt ihr nicht gesehen, wo ich bin?" Auch ich nahm eines Tages an diesem Spiel teil und kam schließlich hinter einem Schrank hervor. Enttäuscht fragten die Kinder: „Warum wolltest du nicht mit uns spielen? Warum hast du dich nicht versteckt?"

Wir sehen also, die Freude der Kinder besteht in einem bestimmten Alter darin, etwas oder jemanden am vorgesehenen Platz wiederzufinden. Auch dann, wenn sie das Versteck vorübergehend nicht kontrollieren konnten. Als wollten sie sich vergewissern, etwas mit geschlossenen Augen wiederfinden zu können. Das zeigt, dass die Natur dem Kind die Sensibilität mitgegeben hat, einen inneren Sinn dafür zu entwickeln, wie die einzelnen Dinge zusammengehören. So kann es seine Umwelt als ein Ganzes zusammenfügen.

In einem bekannten Umfeld wird es also dem Kind möglich, sich sicher zu bewegen und Ziele zu erreichen. Damit hat es die Voraussetzung für ein Leben in Gemeinschaft geschaffen. Ohne diese Fähigkeit wäre es so, als hätte man Möbel, aber keinen

Platz, sie aufzustellen. Entsprechend fragen wir uns, wohin es führen würde, wenn wir ohne jede Ordnung wahllos Bilder in uns aufnähmen? Wir würden uns in einem heillosen Chaos befinden. Die Natur schenkt dem Menschen im Kindesalter die Möglichkeit, sich zu orientieren und sich auf den Weg ins Leben zu machen. In dieser sensitiven Phase der Ordnung erteilt die Natur dem Menschen eine erste Lektion. Ähnliches geschieht, wenn der Lehrer dem Kind den Plan für die Sitzordnung in der Klasse zeigt, um es zum späteren Studium der geographischen Pläne und Landkarten anzuregen. Man könnte auch sagen, die Natur hätte dem Menschen einen Kompass gegeben, um sich in der Welt zu orientieren.

Das Gleiche gilt für die Fähigkeit, Töne zu bilden, aus denen die Sprache besteht und sich im Laufe der Jahrhunderte weiter daraus entwickelt hat. Die menschliche Intelligenz entsteht keinesfalls aus dem Nichts, sie baut auf den Grundlagen auf, die sich das Kind in seinen sensitiven Phasen erarbeitet hat.

Die innere Ordnung

Die innere Sensibilität des Kindes umfasst zwei Aspekte: zum einen die Zusammengehörigkeit der Dinge in seiner äußeren Umgebung, zum anderen den inneren Ordnungssinn, also die Wahrnehmung seines eigenen Körpers und seiner Bewegungen.

Diese innere Orientierung ist von der experimentellen Psychologie untersucht worden. Sie führt die Fähigkeit, sich an die Position der einzelnen Körperteile zu erinnern, auf ein sogenanntes muskuläres Gedächtnis zurück. Es arbeite ihrer Überzeugung nach mechanisch und speichere einmal ausgeführte Bewegungen, sodass es sie allmählich bewusst und willentlich wiederholen könne.

Dem widerspricht jedoch die hochentwickelte sensitive Periode, die das Kind durchlebt und in der es sich seines Körpers bewusst wird, noch bevor es ihn frei bewegen kann. Es ist also die Natur, die ihm eine spezielle Körperempfindung zur Verfügung stellt. Die alten Theorien sprachen von einem durch äußere Nervenreize ausgelösten Bewegungsablauf. Demgegenüber beruhen die sensitiven Perioden auf psychischen Fakten, auf erhellenden spirituellen Vibrationen, aus denen sich allmählich das Bewusstsein entwickelt. Es sind Energien, die als Geschenk der Natur dem Kind die Möglichkeit geben, seine psychische Welt schrittweise durch bewusste Erfahrungen aufzubauen. Wird dieses langsame Aneignen der kreativen Fähigkeiten gestört, reagiert das Kind unruhig, unwirsch bis hin zu den wohlbekannten sogenannten Launen und Krankheiten, die jeder Behandlung widerstehen. Sie verschwinden erst, wenn das Hindernis beseitigt wird, das der natürlichen psychischen Entwicklung entgegensteht.

Das nachfolgende Beispiel zeigt deutlich dieses Phänomen: Eine englische *Nurse* musste für eine

vorübergehende Zeit das Kind einer anderen, ebenfalls sehr verlässlichen *Nurse* anvertrauen. Alles verlief reibungslos, bis auf das Baden, das im Laufe der Zeit das Kind zum Weinen, Schreien und zu völliger Abwehr brachte. Selbstverständlich waren Temperatur und alle weiteren Umstände jedes Mal perfekt vorbereitet. Die erste *Nurse* kehrte zurück, das Kind ließ sich ohne Umstände und mit Vergnügen baden. Es mussten also psychische Ursachen vorliegen. Schließlich ergaben die gestammelten Worte des Kindes, dass es gewohnt war, die linke Hand der *Nurse* unter seinem Köpfchen zu spüren, während die zweite *Nurse* es mit der rechten hielt. Das fühlte sich für das Kind einfach falsch an.

Ich selbst wurde, wenn auch nicht als Ärztin, in einer noch unverständlicher erscheinenden Situation konsultiert. Ein knapp eineinhalbjähriges Kind sträubte sich nach einer langen Reise, die es völlig entspannt überstanden hatte, mit Händen und Füßen dagegen, abends schlafen zu gehen. Nicht Erschöpfung nach der Reise war der vermutete Grund, sondern offensichtlich eine veränderte äußere Situation, die es psychisch störte. Während unterwegs stets eine vorbereitete Wiege bereitgestanden hatte, sollte das Kind jetzt mit der Mutter in ihrem großen Bett schlafen. Die Krankheit des Kindes begann mit nächtlicher Unruhe und Verdauungsbeschwerden. Es musste herumgetragen werden, sein Schreien wurde auf Bauchschmerzen zurückgeführt. Kinderärzte wurden hinzugezogen, besonders

vitaminreiche Nahrung und modernste physische Behandlungen verschrieben, dazu Sonnenbäder und Spaziergänge. Nichts jedoch bewirkte eine Erleichterung. Im Gegenteil, dem Kind ging es immer schlechter. In den Nächten fand die ganze Familie keinen Schlaf mehr. Als das Kind nachts von Krämpfen geschüttelt wurde, die sich zunehmend auch am Tag einstellten, beschlossen die Eltern, den bekanntesten Arzt für nervöse Kinderkrankheiten zu konsultieren. An diesem Punkt kam ich dazu. Das Kind erschien mir gesund, zudem hatte es die lange Reise problemlos überstanden. Jetzt aber wälzte es sich ruhelos vor mir im Bett der Mutter. Es konnten nur psychische Gründe vorliegen. Wäre es möglich, dass ihm die Wiege fehlte, in der es während der Reise stets geschlafen hatte? Ich begann, zwei Sessel mit schützenden Armlehnen zusammenzuschieben und kleidete sie mit Kissen aus. Interessiert schaute das Kind zu. Wortlos stellte ich die Sessel neben das Bett der Mutter und wartete ab. Sofort hörte das Kind auf zu schreien, sagte: „Bett, Bett“, rollte sich hinein und schlief ruhig ein. Störungen und Krämpfe kehrten nicht zurück.

Offensichtlich brauchte das Kind den schützenden Kontakt des kleinen Bettes, um sich geborgen zu fühlen. Das zu große Bett bot ihm keinen Schutz. Sein innerer Orientierungssinn war durcheinander geraten und führte zu diesem schmerzhaften Konflikt mit den intensiven kreativen Kräften.

Wir sehen also, dass die Ordnung für das Kind eine andere Bedeutung hat als für uns. Wir sind den vielen Eindrücken gegenüber, die uns umgeben, gleichgültig geworden. Das Kind aber beginnt erst mit seiner Geburt, gleichsam aus dem Nichts heraus, Eindrücke zu sammeln und sie einzuordnen. Es ist mit diesen verborgenen, schöpferischen Mühen allein. Wir als seine späteren „Erben", ahnen nichts von seinen Kämpfen. Damit gleichen wir den Söhnen eines Vaters, der im Schweiße seines Angesichts Reichtümer für sie angesammelt hat, ohne dass sie es ihm danken. Wir sind im Vollbesitz unserer Möglichkeiten, wir sind gut versorgt und in die Gesellschaft integriert. Wir finden uns jedoch in der Welt nur zurecht, weil uns unser inneres Kind dieses Fundament des Lebens gleichsam vererbt hat. In unserer riesigen Dummheit fühlen wir uns ihm obendrein noch überlegen, dabei ist es das Kind, das aus eigenem Antrieb die immense Mühe unternimmt, den ersten Schritt vom Nichts zum Beginn zu machen. Unser inneres Kind ist dem Urquell des Lebens noch ganz nahe, es handelt, weil es handeln muss. So also geschieht Schöpfung, insgeheim und ohne eine Erinnerung zu hinterlassen.

9. Die Intelligenz

Die Entwicklung des Kindes hat deutlich gezeigt, dass die Intelligenz sich nicht langsam von außen her aufbaut, wie die bisherige Psychologie annimmt, die vom mechanistischen Weltbild ausgeht und bestreitet, dass immaterielle psychische Vorgänge den Willen und den Geist des Menschen beeinflussen. Ihr zufolge dringen Abbilder der Gegenstände durch äußere Impulse teils gewaltsam in die Sinne des Kindes ein, bleiben in der Seele haften, verbinden und formieren sich untereinander und bauen auf diese Weise die Intelligenz auf. Diese mechanistische Psychologie ist heute nicht mehr haltbar. Trotzdem hat sie immer noch größten praktischen Einfluss auf Wissenschaft und Erziehung und damit auf das Verhalten dem Kind gegenüber.

Diese Überzeugung findet ihren Ausdruck in diesem Satz aus der Antike: „Nihil est in intellectu quod non fuerit in sensu."*

Dieses Konzept geht von einem passiven Kind aus, dessen Entwicklung völlig abhängig ist von der

* Nichts existiert im Geist, das vorher nicht die Sinne passiert hat.: Als Verfasser werden u.a. Aristoteles (De aima), Thomas von Aquin (De verit. II, 3) und John Locke genannt.

Die Seele des Kindes
ist nicht nur passiv, nein,
sie gleicht einem leeren Gefäß,
das wir mit verschiedenen Inhalten
zu füllen und zu gestalten
haben.

Fürsorge und vom Willen des Erwachsenen. Hierher gehört auch die noch weitergehende Forderung der überlieferten Erziehung: Die Seele des Kindes ist nicht nur passiv, nein, sie gleicht einem leeren Gefäß, das wir mit verschiedenen Inhalten zu füllen und zu gestalten haben.

Unsere heutigen Erkenntnisse wollen sicher nicht die Bedeutung der Umwelt für die Entwicklung des Geistes schmälern. Auch nach unserer Pädagogik bildet die Umwelt den zentralen Schwerpunkt der Erziehung. Wir halten sie sogar für so wichtig und fundamental, wie bisher noch kein anderes Erziehungssystem. Es besteht jedoch ein feiner Unterschied zwischen dem alten Konzept des passiven Kindes und der heute bekannten Wirklichkeit. Denn diese

berücksichtigt die Existenz der inneren Sensibilität des Kindes. Sie besteht bis etwa zum fünften Lebensjahr und befähigt das Kind wie durch ein Wunder, sich die Bilder der Umwelt anzueignen. Das Kind ist ein sensibler, genauer Beobachter, der aktiv die Bilder aufnimmt, nicht etwa passiv widerspiegelt. Wer so aufmerksam beobachtet, wird von einem inneren Impuls getrieben, von einem starken Gefühl und ja, offensichtlich von einem besonderen Vergnügen. Er wählt dementsprechend die Bilder aus, die ihn interessieren. Dieses Konzept beleuchtet James*, wenn er davon spricht, dass niemand einen Gegenstand in der Gesamtheit seiner Einzelteile aufnimmt, sondern dass jeder nur den Teil sieht, der seinen eigenen Gefühlen und Interessen entspricht. So, wie die Beschreibung ein und derselben Sache je nach der Person variiert, die sie gesehen hat. Seine Beispiele waren wirklich brillant: „Habt ihr ein neues Kleid, das euch sehr gefällt, so werdet ihr auf der Straße vor allem die eleganten Kleider der anderen betrachten und lauft Gefahr, unters Auto zu kommen."

* William James (* 1842 in New York City, † 1910 in New Hampshire, USA), Begründer der amerikanischen Psychologie als Wissenschaft. Er betrachtete Körper und Seele als zusammengehörige Teile eines einheitlichen Organismus. Der Gegensatz von Leib und Seele wurde damit aufgehoben. Sein Hauptwerk: *The Principles of Psychology,* Holt and Macmillan, New York / London 1890.

Man könnte nun fragen: „Nach welchen Kriterien wählt das kleine Kind unter den unendlich vielen Bildern seiner Umwelt seine eigenen aus?" Sicherlich handelt es sich nicht um äußere Anlässe, wie James sie zitiert, denn es hat noch keine eigenen Erfahrungen. Das Kind macht seine Schritte aus dem Nichts heraus allein. Und, um es klar zu sagen: Der Auslöser in dieser sensitiven Periode ist seine erwachende Vernunft. Die Vernunft als natürliche, kreative Funktion, die keimt und sich entwickelt durch die Bilder, die die Umwelt zur Verfügung stellt.

Hier tritt sie in Erscheinung, die unwiderstehliche Kraft der vorgeburtlichen Energie! Die ursprüngliche Auswahl der Bilder folgt unmittelbar dieser Kraft der Vernunft. Man hat schon immer gewusst, dass das Kind lebhaft und voller Freude auf Licht, Farben und Töne reagiert. Uns interessieren hier jedoch die ersten inneren Impulse, auch wenn sie gerade erst aufkeimen: Denn diese psychische Bereitschaft des Kindes verdient unsere ganze Bewunderung und Unterstützung. Aus dem Nichts heraus geht das Kind zu Beginn seiner Entwicklung stetig voran, indem es die Anfänge der Vernunft erschafft, dieses erlesene Geschenk, das dem Menschen später seine Überlegenheit gibt. Auf diesem Weg geht es unbeirrt weiter, lange bevor seine Füßchen auch den Körper vorantragen können.

Ein Beispiel ist oft überzeugender als jede Diskussion. Ich will daher ein sehr eindrucksvolles anführen. Es handelt sich um ein Kleinkind von vier

Wochen, das seit seiner Geburt das Haus noch nicht verlassen hatte. Die *Nurse* hatte es auf dem Arm, als es zum ersten Mal den Vater neben einem Onkel sah, der mit ihnen im Haus lebte. Beide hatten fast die gleiche Statur und das gleiche Alter. Das Kleine reagierte sofort äußerst erstaunt, fast erschreckt. Daraufhin versuchten sie, mit unserer Psychologie vertraut, dem Kind zu helfen und es zu beruhigen. Sie stellten sich auseinander, blieben aber in Blickweite des Kindes und warteten ab. Das Kind drehte seinen Kopf zögernd zu einem von ihnen, musterte ihn intensiv und lächelte ihn nach einer Weile an.

Zwischen Lächeln und Zögern hin- und hergerissen, wiederholte das Kleine seine Bewegungen etwa zehnmal, drehte seinen Kopf von rechts nach links, nach rechts, dann war ihm klar, dass es sich um zwei Personen handelte. Sie waren die einzigen Männer im Haus, die es jetzt zum ersten Mal zusammen sah, obwohl jeder von ihnen es häufig voller Freude mit liebevollen Worten im Arm gehalten hatte. Das Kind hatte zwar begriffen, dass es ein anderes Wesen als die Mama war, als die *Nurse* und die andere weibliche Gruppe im Haus. Da es bisher jedoch niemals beide Männer zusammen gesehen hatte, war es überzeugt gewesen, es gäbe nur einen Mann im Haus. Daher sein Erschrecken, als sich plötzlich das Wesen, das es seiner Bilderwelt zugeordnet hatte, verdoppelte.

Zum ersten Mal im Alter von vier Wochen hatte es während seiner Inkarnation erlebt, dass auch seine aufkeimende Vernunft sich irren konnte.

In einer anderen Umgebung, in der die Erwachsenen keine Ahnung von der kindlichen Psyche gehabt hätten, hätte das Kind nicht die immense Hilfe erhalten, die ihm die Männer gegeben hatten, indem sie sich einzeln zeigten. Sie hatten ihm den schwierigen Schritt, den sein Bewusstsein vollziehen musste, entscheidend erleichtert.

Ich möchte noch Beispiele von größeren Kindern anführen. Ein siebenmonatiges Mädchen spielte mit einem Kissen auf dem Boden. Voller Freude und Enthusiasmus roch es an den Blumen und küsste die Kinder, die auf dem Kissen abgebildet waren. Ein Hausmädchen, das auf das Mädchen aufpassen sollte, gab ihm nun lauter verschiedene Dinge, weil es dachte, das Kind spiele, an vielen Dingen zu riechen und sie zu küssen. Dadurch wurde das Kind, das die bisherigen Bilder erkannt und sie durch die Bewegungen in seinem Geist fixiert hatte, das also fröhlich und ruhig eine konstruktive innere Arbeit vollzogen hatte, völlig verwirrt. Seine unsichtbaren Bemühungen, eine innere Ordnung herzustellen, waren durch einen verständnislosen Erwachsenen verhindert worden. Man kann dieses Geschehen mit den Wellen am Strand vergleichen, die auslöschen, was die Kinder eben im Sand gebaut oder gezeichnet haben.

Wir sehen also, wie Erwachsene diese inneren Arbeiten behindern oder sogar verhindern können, wenn sie brüsk und sinnlos die Überlegungen der Kleinen unterbrechen: Sie ergreifen vielleicht

ein Händchen, um es zu küssen oder sie versuchen, das Kind schlafen zu legen, ohne Rücksicht auf die innere Arbeit der kleinen Seele. Durch Unwissenheit kann der ursprüngliche kindliche Impuls verkümmern.

Dabei ist es für die erwachende Intelligenz zwingend erforderlich, dass das Kind die klare Unterscheidung der Bilder lernt.

Eine interessante Erfahrung machte ein Spezialist für künstliche Ernährung mit Kindern im ersten Lebensjahr. Er hatte eine berühmt gewordene Klinik gegründet und war aufgrund seiner Erfahrungen zu dem Schluss gekommen, dass auch individuelle Faktoren neben der Ernährung zu berücksichtigen seien. Bis zu einem bestimmten Alter kann man zum Beispiel nicht generell aus der Vielzahl von Milchersatz einen als exzellent herausgreifen. Denn jedes Nahrungsmittel kann dem einen Kind bekommen, dem anderen überhaupt nicht. Seine Klinik war in medizinischer wie in ästhetischer Hinsicht ein Modellprojekt. Seine Behandlung bewirkte eine ausgezeichnete Gesundheit der Kinder bis zum Alter von etwa sechs Monaten. Danach ging es den Kleinen unerklärlicherweise nicht mehr gut. Wahrhaftig ein Rätsel! Denn grundsätzlich ist die künstliche Ernährung nach dem ersten Lebenshalbjahr viel einfacher zu handhaben. Der Professor hatte in der Klinik eine kostenlose Abgabestelle für bedürftige Mütter eingerichtet, die ihre Kinder nicht nähren konnten und sich wegen künstlicher Ernährung

an ihn wandten. Diese Kinder zeigten, anders als die Kinder in der Klinik, keine Anzeichen von Beschwerden. Nach wiederholten Beobachtungen kam dem Professor die Idee, dass psychische Elemente hineinspielen könnten. Diese Annahme bestätigte sich: Es kam heraus, dass die Patienten in seiner Klinik sich nach sechs Monaten einfach langweilten. Ihnen fehlte die „psychische Nahrung". Daraufhin begann er, sie zu unterhalten, Spaß mit ihnen zu machen, nicht nur auf der Klinikterrasse umherzugehen, sondern Spaziergänge mit ihnen zu machen, Orte zu entdecken, die die Kinder noch nicht kannten. Und siehe da: Plötzlich waren sie wieder gesund!

Auch viele andere Fälle haben deutlich gezeigt, dass Kinder schon im ersten Lebensjahr Eindrücke aus ihrer Umwelt mit solcher Deutlichkeit in sich aufnehmen, dass sie zwei- oder dreidimensionale Gegenstände wiedererkennen. Danach interessieren sie kaum noch.

Eher ist das Kind dann zu Beginn des zweiten Lebensjahres von winzigen Dingen fasziniert, die wir gerne übersehen. Man könnte sagen, das Unsichtbare interessiert sie oder das, was das Bewusstsein gerade noch wahrnimmt.

Ich habe diese Sensibilität zum ersten Mal schon bei einem Mädchen von erst 15 Monaten erlebt. Eines Tages hörte ich aus dem Garten ein lautes Gelächter. Es war allein hinausgegangen und saß auf dem Boden der Terrasse. Die in der Nähe am Spalier unter fast tropischer Sonne blühenden wunderschönen

Geranien beachtete es nicht. Die Kleine fixierte etwas auf dem mit Ziegelsteinen ausgelegten Boden, das ich nicht sah. Ein kindliches Rätsel? Ich näherte mich langsam und vorsichtig, konnte aber nichts entdecken. „Hier bewegt sich etwas Kleines", sagte sie nachdrücklich. Daraufhin sah ich ein unscheinbares, fast mikroskopisch kleines Insekt in der Farbe der Steine, das sich anmutig bewegte. Das Mädchen war fasziniert, dass es ein so kleines Wesen überhaupt gab, dass es sich bewegte und lief! Sein Entzücken hierüber äußerte sich in dieser ungewöhnlich lauten Freude.

Einen ähnlichen Eindruck vermittelte mir ein etwa gleich altes Kind. Seine Mutter hatte eine umfangreiche Sammlung von bunten Postkarten. Dem Kind schien es wichtig, mir das dicke Päckchen zu bringen und zu zeigen. „Auto", sagte es in fast unverständlicher Kindersprache, aber ich verstand, dass es mir ein abgebildetes Auto zeigen wollte.

Nun gab es eine solche Fülle dargestellter Gegenstände, dass mir klar wurde, die Mutter hatte die Absicht, Freude und Lernen zu verbinden. Exotische Tiere: Giraffen, Löwen, Bären, Affen. Dazu Vögel und Haustiere, die für ein kleines Kind interessant waren: Schafe, Katzen, Esel, Pferde, Kühe sowie kleine Szenen und Landschaften mit Menschen, Tieren und Häusern. Seltsam aber war, dass in dieser reichen Kollektion ausgerechnet ein Auto fehlte. „Ich sehe kein Auto", sagte ich dem Kind. Daraufhin suchte es im Stapel und zog triumphierend eine Karte heraus.

„Hier ist es.“ Es handelte sich um eine Jagdszene mit einem bildschönen Jagdhund. Entfernt stand der Jäger mit geschultertem Gewehr, immer kleiner werdend ein Häuschen auf einer angedeuteten Straße, darauf ein schwarzer Punkt, fast unsichtbar. Hierauf zeigte das Kind und sagte: „Auto“. Das Kind war stolz, dass es etwas so Winziges noch erkennen konnte.

Ich ging davon aus, bisher habe noch niemand dem Kind all diese schönen und nützlichen Dinge erklärt. So nahm ich die Abbildung einer Giraffe zur Hand und wies auf den ungewöhnlich langen Hals hin. Sofort sagte das Kind konzentriert: „Affa“, Giraffe. Nein, diese Kleine musste ich nicht belehren.

Während des zweiten Jahres gibt es eine Phase, in der die Natur die Intelligenz weiter ausbildet, damit das Kind alle Dinge erkennen kann.

Eines Tages hatte ich Lust, einem Kleinkind von vielleicht 20 Monaten ein schönes Buch für Erwachsene zu zeigen. Es war ein Evangelium, illustriert von Gustavo Doré mit Reproduktionen klassischer Gemälde. Bei der Transfiguration von Raffael zeigte ich auf Jesus, der die Kinder zu sich ruft, und begann zu erklären: „Jesus hält ein Kind in seinen Armen, andere Kinder lehnen ihren Kopf an seinen Körper und sehen ihn an. Jesus liebt sie alle ...“

Das Gesicht des Kleinen zeigte nicht das geringste Interesse. Unbeirrt begann ich weiter zu blättern auf der Suche nach anderen Abbildungen. Da murmelte es unvermittelt: „Er schläft.“

„Wer schläft?“

„Jesus“, antwortete das Kind energisch, „Jesus schläft.“ Und es bedeutete mir, zu Raffaels Bild zurückzublättern.

Darauf war Jesus im Verhältnis zu den Kindern groß abgebildet, er hatte den Kopf zu ihnen gesenkt, wodurch seine Lider wie im Schlaf geschlossen aussahen. Diese kaum wahrnehmbare Einzelheit war der Aufmerksamkeit des Kindes nicht entgangen, kein Erwachsener hätte sich dafür interessiert.

Ich fuhr fort und kam zu einer anderen Illustration Jesu und sagte: „Sieh, Jesus schwebt über der Erde, die Leute sind erschreckt. Guck mal: Dieses Kind verdreht die Augen und diese Frau hat die Arme empor gereckt.“ Ich hatte den Eindruck, dass die Erklärung und überhaupt das Bild dem Kind nichts sage. Aber ich hoffte, auf diese Weise eine weitere rätselhafte Antwort zu erhalten, um zu vergleichen, was ein Erwachsener sieht und was im Verhältnis dazu einem Kind auffällt. Dieses Mal aber schnaufte es nur leicht, als wollte es sagen: „Nichts, mach weiter.“ Es zeigte keinerlei Interesse und spielte mit seinem Anhänger am Hals, der ein Kaninchen darstellte. Schließlich sagte es: „Kaninchen!“

‚Es hat sich mit seinem Anhänger abgelenkt‘, dachte ich und suchte weiter.

Aber plötzlich verlangte es wieder energisch, dass ich zurückblätterte und wirklich, am Rand des Bildes versteckt, saß ein kleines Kaninchen. Wer sonst hätte es je bemerkt?

Psychisch gesehen sind Kinder und Erwachsene offensichtlich zwei ganz verschiedene Persönlichkeiten. Es handelt sich nicht um ein Minimum, das sich zu einem Maximum hin entwickelt. Wenn Lehrer im Kindergarten oder in den ersten Schulklassen sich abstrampeln, um laut gestikulierend drei- oder vierjährigen Kindern einen längst bekannten Gegenstand zu erklären, handeln sie wie jemand, der einen Hörenden mit einem Tauben verwechselt. Die Kinder können nur noch protestieren: „Hör mal, wir sind doch nicht taub!"

Lange waren Erwachsene der Meinung, Kinder seien nur für offenkundige Dinge empfänglich, für lebhafte Farben, durchdringende Töne, sie müssten also den Kindern starke Anreize bieten. Wir alle haben erlebt, dass Kinder angezogen werden von Menschen, die singen, von Glöckchen, vom Glockenläuten, von Fahnen im Wind, hellen Lichtern und so weiter. Aber diese starke Anziehungskraft dauert nur kurz. Die äußeren Reize stören die innere Aufmerksamkeit und überdecken die feinen Impulse, die die Sinne wirklich berühren. Zum Vergleich: Wenn wir ein interessantes Buch lesen und hören plötzlich laute Musik, dann laufen wir neugierig ans Fenster, um zu sehen, was draußen geschieht, kurzfristig angelockt von der Musik. Genauso verhalten sich Kinder. Ein starker äußerer Anreiz zieht ihre Aufmerksamkeit auf sich, aber nur vorübergehend, er erreicht nicht die tiefe aufbauende Kraft im Inneren des Kindes. Das sehen wir bestätigt, wenn das Kind

kleinste Dinge beobachtet, die offensichtlich niemanden sonst interessieren. Richtet es seine volle Aufmerksamkeit auf solch ein winziges Objekt, empfindet das Kind es noch nicht als Sinneseindruck, es ist ein Ausdruck seines Intellekts der Liebe.

Der kindliche Geist bleibt dem Erwachsenen geheimnisvoll und unbekannt. Denn ein Erwachsener denkt immer an die praktische Verwertbarkeit, nicht an die gewaltige psychische Kraft, die das Kind beseelt. Wir müssen bedenken, dass ein Kind niemals ohne Grund handelt, wir sollten ihn entziffern und verstehen. Natürlich ist es einfacher, jede unverständliche Reaktion des Kindes, jeden schwierigen Moment einfach als Laune abzutun. Doch sie wird sich solange zu einem Problem auswachsen, bis wir ihr Geheimnis entschlüsselt haben. Das oft besonders interessante Ergebnis lohnt jede Mühe, um dem Kind verständnisvoller zu begegnen. Wird der Erwachsene so zum Lernenden, wird er das Kind nicht länger blind beherrschen wollen und sich als tyrannischer Richter aufspielen.

Ich denke bei dieser Gelegenheit an eine Unterhaltung in einem Damenzimmer. Die Dame des Hauses hatte neben sich ihr Kind von 18 Monaten, das still für sich spielte. Man sprach über Kinderbücher. „Es gibt ganz blödsinnige mit grotesken Illustrationen“, sagte die junge Mutter. „Ich habe so eines, das Sambo heißt. Sambo ist ein farbiges Kind aus Afrika, dem die Eltern zum Geburtstag allerlei verschiedene Geschenke in schönen Farben

machen: Eine kleine Mütze, Schuhe, Strümpfe, ein Hemdchen. Sambo ist schon ganz ungeduldig, seine neuen Sachen vorzuführen und verlässt daher unbemerkt das Haus. Währenddessen kochen die Eltern ein besonders gutes Mittagessen. Auf der Straße begegnet Sambo vielen gefährlichen Tieren und um sie zu besänftigen, muss er jedem ein Stück seiner Kleidung geben: Die Mütze der Giraffe, die kleinen Schuhe dem Tiger und so fort. Nackt und in Tränen aufgelöst kehrt der arme Sambo nach Hause zurück. Statt zu schelten, verzeihen ihm die Eltern und die Geschichte endet mit der Freude der Familie beim besonders guten Mittagessen am reich gedeckten Tisch."

Die Dame des Hauses reichte das Buch herum, als das Kind plötzlich sagte: „Nein, Lola." Alle wunderten sich über dieses kleine Rätsel, das es zu lösen galt. Das Kleine wiederholte lautstark: „Nein, Lola."

„Lola", sagte die Mutter, „so heißt die spanische *Nurse*, die mein Kind seit einigen Tagen hat."

Immer lauter schrie das Kleine wie unsinnig sein „Lola". Wir wussten nicht, was wir noch tun sollten und gaben ihm schließlich das Buch. Da zeigte es innen auf die hintere Umschlagseite, wo das arme afrikanische Kind in Tränen aufgelöst abgebildet war. Da endlich verstanden wir, dass er mit „Lola" in seiner Kindersprache eigentlich *llora* sagen wollte, das spanische Wort für *weinen*. Das letzte Bild des Buches zeigte eben nicht das fröhliche Essen, sondern den weinenden Sambo. Keiner von uns hatte

darauf geachtet. Der Protest des Kindes war also völlig logisch, als seine Mutter gesagt hatte: „Alles endet fröhlich."

Für ihn endete das Buch mit Sambos Tränen. Er hatte genauer als die Mutter das Buch betrachtet, es bis zur letzten Seite intensiv angeschaut. Am eindrucksvollsten aber war für uns Erwachsene, dass das Kind diese richtige Bemerkung gemacht hatte, ohne dass es unserer komplizierten Unterhaltung hätte folgen können.

Diese Geschichte beweist wieder einmal, dass sich der seelische Aufbau eines Kindes, anders als bei Erwachsenen, nicht schrittweise vollzieht.

Erwachsene sehen in erster Linie die geistigen Zusammenhänge, die dem Kind verschlossen bleiben. Dafür beobachtet das Kind noch die kleinsten tatsächlichen Einzelheiten. Es muss uns für Menschen halten, die unfähig sind, genau hinzuschauen, die die interessantesten Einzelheiten überhaupt nicht wahrnehmen. Wenn es könnte, eröffnete es uns sicherlich, es könne uns deshalb in seinem Innersten einfach nicht vertrauen. Und wir? Auch wir meinen, ihm ebenso wenig vertrauen zu können: Seine Art zu denken ist uns einfach zu fremd.

So kommt es, dass Erwachsene und Kinder einander nicht verstehen.

10. Das Ringen um eine ungestörte Entwicklung – Schlafen

DER KONFLIKT zwischen Erwachsenen und Kindern entsteht, sobald das Kind eigenständig zu handeln beginnt. Glücklicherweise kann niemand das Kind völlig daran hindern zu sehen und zu hören, also seine Welt mit den Sinnen zu erobern.

Das ändert sich völlig, sobald das Kind beginnt, sich selbständig zu bewegen, zu gehen und Gegenstände anzufassen. Auch wenn er es von Herzen liebt, erwacht im Erwachsenen ein unwiderstehlicher Instinkt, sich seinem Kind gegenüber regelrecht zu verteidigen. Nun unterscheidet sich, wie wir sahen, das kindliche Seelenleben von dem eines Erwachsenen so erheblich, dass ein Zusammenleben ohne gewisse Rücksichtnahmen praktisch unmöglich ist. Das Kind hat die geringsten sozialen Rechte, daher versteht sich von selbst, dass diese Rücksicht nur vom Kind verlangt wird.

Dass ihm deshalb gewisse „störende Tätigkeiten“ verboten werden, hat für das Kind regelrecht fatale Auswirkungen, weil der Erwachsene sich der Folgen gar nicht bewusst ist. Er ist im Gegenteil von seiner Liebe und großzügigen Einsatzbereitschaft überzeugt. In dieser ängstlichen Verteidigung seiner ihm liebgewordenen nützlichen Dinge sieht er

„die Pflicht, das Kind zu erziehen und ihm gute Manieren beizubringen“. Aus Sorge um die eigene Bequemlichkeit bedeutet das für den in den Augen des Erwachsenen kleinen Störenfried, dass dieser „um seiner Gesundheit willen sehr viel ruhen muss“.

Die Mütter einfacher Schichten verteidigen ihre Rechte oder Bequemlichkeiten mit Ohrfeigen, Schreien, Beschimpfungen oder sie schicken das Kind hinaus auf die Straße. Im nächsten Moment allerdings überschütten sie es wieder zärtlich und liebevoll mit Küssen.

Das ist in den höheren Gesellschaftsschichten ausgeschlossen. Gefühle dürfen ausschließlich in bestimmten Formen gezeigt werden: Liebe, Opfer, Verpflichtung, Kontrolle äußerer Handlungen. Natürlich entledigen sich auch diese Mütter ihrer unbequemen Kinder und durchaus noch häufiger als Mütter aus dem einfachen Volk. Sie übergeben sie einfach dem Kindermädchen, das sie spazieren führt und viel schlafen lässt. Die Geduld und Freundlichkeit, ja, gelegentlich Unterordnung der Mütter aus höheren Kreisen gegenüber den *Nurses,* erweist sich als stille Übereinkunft, das störende Kind von den Eltern und ihrer Umwelt fernzuhalten.

Kaum hat sich das Kind aus dem Gefängnis seines unbeweglichen Körpers befreit und ist froh über den Sieg des eigenen Ichs, kaum hat es die wunderbaren Instrumente eigener Aktivität, die willentlich ausgeführten Bewegungen entdeckt, da verwehren ihm übermächtige Riesen den Eintritt in die Welt.

Diese dramatische Situation lässt uns an den Auszug primitiver Völker denken, die sich an unwirtliche, unbekannte Orte begaben, um der Sklaverei zu entkommen. Natürlich denken wir besonders an das hebräische Volk, dem das unter Moses' Führung gelang. Aber als es nach den Entbehrungen der Wüste zu einer Oase kam, an der andere Völker friedlich lebten, empfing sie nicht etwa Gastfreundschaft, sondern kriegerische Abwehr und Vertreibung. Diese bittere Erinnerung an den Widerstand der Amalekiten gegen das herumirrende Volk, dieser Schrecken angesichts eines möglichen Krieges führte dazu, dass die Hebräer sich zerstreuten und orientierungslos 40 Jahre lang erschöpft und dem Tod nah durch die Wüste irrten, die sie im Grunde schon längst durchquert hatten.

Offensichtlich gibt es eine natürliche Gewaltbereitschaft unter den Völkern. Wer bereits festen Boden unter den Füßen hat, verteidigt sich gegen Eindringlinge. Das ist ein menschliches Naturgesetz: Der grausame Motor dieser Phänomene befindet sich versteckt in den unbewussten Tiefen der menschlichen Seele. Seine erste unbemerkte Manifestation erleben wir, wenn die Erwachsenen ihre Ruhe und ihr Hab und Gut gegen die neue Generation verteidigen, die verzweifelt um ihr Leben kämpft.

Dieses unbewusste Ringen geschieht unerkannt schon zwischen elterlicher Liebe und kindlicher Unschuld.

Es sagt sich für den Erwachsenen sehr einfach: „Das Kind darf nicht frei herumlaufen. Es darf Dinge, die uns gehören, nicht anfassen. Es darf nicht sprechen, nicht schreien. Es soll stillliegen, essen und schlafen.“ Allerdings darf es aus dem Haus gehen, jedoch mit Menschen, die es nicht lieben, die nicht zur Familie gehören. Im Übrigen wählt der Erwachsene aus Bequemlichkeit den einfachsten Weg: Er legt das Kind schlafen.

Natürlich bestreitet niemand, dass Schlaf notwendig ist.

Aber wenn ein Kind so lebhaft ist, so gut beobachtet, dann ist es nicht ständig müde. Es wird ein normales Schlafbedürfnis haben und zweifellos achten auch wir sehr genau auf dieses Bedürfnis. Aber der normale Schlaf eines Kindes ist vom künstlich herbeigeführten Schlaf leicht zu unterscheiden. Bekanntlich beeinflusst jemand mit starkem Willen ein schwächeres Wesen dadurch, dass er es in Schlaf versetzt. Mütter aller bürgerlicher Schichten und die *Nurses* haben nicht nur die wenige Monate alten Kleinen, nein, auch die lebhaften zwei-, drei- und vierjährigen Kinder und noch ältere dazu verdammt, weitaus mehr als nötig zu schlafen. Mag sein, in gutem Glauben. Die Kinder unterer Gesellschaftsschichten entgehen dieser Gefahr. Sie tummeln sich den lieben langen Tag auf den Straßen und stören ihre Mütter nicht.

Sie sind auch nicht so nervös wie die Kinder kultivierter Eltern, die penibel auf die hygienischen

Vorschriften achten. Als besonders wichtig für die Gesundheit des Kindes werden den Eltern zusätzlich lange Schlafperioden empfohlen. Ich erinnere mich noch gut an ein siebenjähriges Kind, das mir anvertraute, noch niemals die Sterne gesehen zu haben, weil man es selbst in seinem Alter immer noch vor Anbruch der Nacht schlafen gelegt hatte. Es sagte mir: „Ich möchte so gern nur für eine Nacht auf den Gipfel eines Berges steigen, mich auf dem Boden ausstrecken und die Sterne betrachten."

Viele Eltern brüsten sich sogar damit, wie gut sie ihre Kinder daran gewöhnt hätten, am Abend früh einzuschlafen, damit sie selbst jederzeit frei wären, um auszugehen.

Und das Kind? Wie geht es ihm dabei? Selten genug gibt es ein Bett, in dem die Kinder sich allein bewegen können. So etwas ist dann ein wahrer Glücksfall! Anders als die Wiege, eine kleine weiche Schönheit, und anders als das Bett der Erwachsenen, dafür gemacht, sich bequem auszustrecken, ist das, was sich Kinderbett nennt, in Wahrheit das erste grausame Gefängnis, das die Familie diesem kleinen, um seine psychische Existenz kämpfenden Wesen zumutet: Das Kind ein Gefangener! Der hohe Eisenkäfig, in den die Eltern es auf ein Lager niederlegen, ist gleichzeitig Realität und Symbol. Es ist eingeengt und gefangen in einer Gesellschaft, entwickelt von Erwachsenen für Erwachsene. Für eine freie Entwicklung des Kindes bleibt kaum Raum.

Das Kind liegt im Dunkeln, sodass die Lichter des neuen Morgens nicht zu ihm durchdringen und es wecken könnten. Sein Bett ist ein extra hoch gestellter Käfig, damit sich der Erwachsene nicht bücken muss, wenn er sich um das Kind kümmert. Er kann dieses Wesen unbesorgt alleine lassen, ja natürlich, es mag weinen, aber es wird sich nicht wehtun.

Für ein gesundes Seelenleben des Kindes wären ein anderes Bett und andere Schlafgewohnheiten sehr hilfreich. Das Kind muss selbst bestimmen können, wann es müde ist und schlafen möchte und wann es aufwacht und aufstehen will. Daher raten wir den Familien, erfreulicherweise auch mit Erfolg, das klassische Kinderbett abzuschaffen und durch ein niedriges Lager knapp über dem Boden zu ersetzen, sodass das Kind, gerade wie es möchte, schlafen und wieder aufstehen kann.

Dieses kleine, niedrige Bett kostet nicht viel. Das ist nicht verwunderlich, denn um das psychische Leben des Kindes zu fördern, brauchen wir einfache Dinge. Die speziell für das Kind hergestellten Gegenstände sind oft viel zu kompliziert oder sogar hinderlich. Aufgeschlossene Familien haben das schon geändert, indem sie einfach eine kleine Matratze mit einer großen Decke darauf auf den Boden gelegt haben. Nun kann sich das Kind, wenn es abends müde ist, fröhlich schlafen legen und morgens aufstehen, ohne andere zu stören. Diese Beispiele zeigen, auf welch tiefem Irrtum die bisherige Gestaltung des kindlichen Lebens beruht und wie der Erwachsene,

unermüdlich und in bester Absicht, in Wahrheit den Bedürfnissen des Kindes schadet. Seine eigenen Verteidigungsinstinkte, die ihm vielleicht unbewusst im Weg stehen, könnte er problemlos besiegen.

Insgesamt müsste der Erwachsene die Bedürfnisse des Kindes besser verstehen, um es anleiten und unterstützen zu können und um mit ihm zusammen die notwendige, geeignete Umgebung zu schaffen. Nur so kann eine neue Epoche der Erziehung mit dem Ziel beginnen, dem Kind erfolgreich ins Leben zu helfen. Es muss ein Ende damit haben, dass jeder Erwachsene das Baby einfach hochnehmen und irgendwohin bringen kann und dass selbst größere Kinder einem Erwachsenen stets zu gehorchen und zu folgen haben. Es ist wichtig, sich als Erwachsener aus freien Stücken in die zweite Reihe zu stellen, um aus dem Abstand heraus das Kind und seine Bedürfnisse zu respektieren und um freiwillig und hilfreich auf die Wünsche einzugehen. Das sind die Orientierungspunkte für Mütter und alle, die sich dem Kind nähern, die es erziehen. Das Kind ist während seiner Entwicklungszeit noch unsicher. Daher ist es unabdingbar, dass die stärkere Persönlichkeit des Erwachsenen sich zurückhält und nur dann die Führungsrolle übernimmt, wenn das Kind selbst sie ihm anbietet. Es sollte dem Erwachsenen eine Ehre sein, das Kind in seiner Entwicklung zu begleiten und es auf seinem Weg zu unterstützen.

11. Gehen

Es ist wichtig, dass der Erwachsene die Bedürfnisse des noch unreifen Menschen erfüllt. Was das Kind braucht, allein darum sollte es gehen, nicht um die Wünsche des Erwachsenen.

Die höher entwickelten Tiere verhalten sich ganz instinktiv auf diese Weise und stellen sich auf den jeweiligen Entwicklungsstand ihrer Jungen ein. Es ist hochinteressant zu beobachten, was geschieht, wenn ein neugeborener Elefant zum ersten Mal von seiner Mutter in die Gruppe gebracht wird. Die imponierende Masse der Dickhäuter verlangsamt unmittelbar darauf ihren Gang und passt ihn den Schritten des Kleinen an. Wenn es müde ist und stehen bleibt, bleiben alle stehen.

Auch einige Zivilisationen nehmen in ähnlicher Weise Rücksicht auf ihre Kinder. Ich beobachtete eines Tages einen japanischen Vater, der mit seinem eineinhalb- oder zweijährigen Sohn spazieren ging. Plötzlich umarmte der Kleine ein Bein des Vaters. Der blieb stehen und machte ihm Platz, als der Sohn begann, sich um das Bein zu drehen. Als die Übung beendet war, ging der gemächliche Spaziergang weiter. Kurze Zeit darauf setzte sich das Kind an den Rand des Bürgersteigs. Der Vater blieb ernst und entspannt neben ihm stehen. Für ihn war das nichts

Besonderes, er war einfach ein Vater, der mit seinem Kind spazieren ging.

So sollte man sich verhalten, um den Kleinen in der Phase, in der die motorische Koordination gefestigt wird, die hierfür notwendigen Übungen zu ermöglichen. In dieser Zeit wird der Gleichgewichtssinn stabilisiert und das Kind in die Lage versetzt, diese enorme Schwierigkeit zu überwinden, die dem Menschen vorbehalten ist, nämlich aufrecht auf nur zwei Beinen zu gehen.

Auch wenn der menschliche Körper teilweise dem anderer Säugetiere entspricht, so muss er doch aufrecht auf nur zwei Beinen gehen lernen. Selbst die Affen haben verlängerte Armglieder, um sich beim Gehen mit der Hand auf dem Boden abzustützen. Allein der Mensch muss die Herausforderung bewältigen, aufrecht zu gehen, ohne sich abzustützen. Auf nur zwei Beinen muss er das Gleichgewicht halten. Gehen Säugetiere, so heben sie zwei Pfoten oder Beine im diagonalen Sinn, sodass der Körper stets zweifach gestützt wird. Der Mensch jedoch wechselt seinen Halt von einen Fuß auf den anderen. Diese Schwierigkeit hat die Natur auf doppelte Weise gelöst: mit Instinkt und individueller Willenskraft.

Das Kind entwickelt die Fähigkeit zu gehen nicht aus dem aufrechten Stand heraus, sondern, „indem es geht". Jener erste Schritt, so freudig in der Familie begrüßt, ist wirklich eine Eroberung der Natur. Er markiert den Übergang vom ersten zum zweiten Lebensjahr. Es ist praktisch die Geburt des aktiven

Menschen, der die Unbeweglichkeit hinter sich lässt. Für das Kind beginnt ein neues Leben. Die Physiologie sieht in der Stabilisierung dieser Funktion einen tragenden Pfeiler für eine gesunde Entwicklung.

Von diesem Moment an, kommt unermüdliches Üben ins Spiel. Denn nur dadurch kann das Kind sein Gleichgewicht sicher stabilisieren. Wir kennen den Tatendrang, die unwiderstehliche, mutige Beschwingtheit, wenn ein Kind zu laufen beginnt und geradezu waghalsig versucht zu gehen. Ein kleiner Soldat auf dem Weg zum Sieg, um Hindernisse schert er sich nicht. Natürlich möchte der Erwachsene schützend eingreifen, aber dadurch würde er das Kind in seiner Entwicklung nur behindern. Etwa, wenn er es im Holzgitter zurückhält oder durch ausgedehnte Spaziergänge im Kinderwagen ablenkt, wie es selbst dann noch geschieht, wenn seine Beine längst kräftig geworden sind. Aber selbstverständlich ermüdet das Kind schneller, als ein Erwachsener, der kräftig ausschreitet und seinen Rhythmus nicht ändert.

Dasselbe geschieht, wenn sich eine ausgebildete *Nurse* um das Kleine kümmert. Nicht sie passt sich dem Kind an, sondern es hat ihren Vorgaben zu folgen. Sie steuert ihr geplantes Ziel mit dem Kinderwagen an, in dem das Kind herausgeputzt sitzt wie eine schöne Frucht, die zu Markt getragen wird. Erst nach Erreichen des Ziels, etwa eines Parks, wird sie sich setzen, das Kind aus dem Wagen nehmen und es unter ihrer Aufsicht auf dem kleinen Rasenstück

um sie herum laufen lassen. Ihr ganzes Verhalten hat nur den „Körper des Kindes“ im Blick, sein vegetatives Leben und den Schutz vor jeglicher äußeren Gefahr, nicht aber die wesentlichen aufbauenden Voraussetzungen für ein Leben in der Gemeinschaft.

Ein Kind in diesem Alter von eineinhalb bis zu zwei Jahren vermag Kilometer zu laufen, auch schwierige Strecken zu überwinden. Aber die Dinge, die es um sich herum wahrnimmt, ziehen es immer wieder an, sodass es stehen bleibt. Der Erwachsene sollte es unterstützen und auf die geplante eigene Geschwindigkeit verzichten. Das Kind läuft, um seine Fähigkeiten zu entwickeln, es verfolgt seine eigene kreative Absicht. Es ist noch langsam, sein Schritt folgt noch keinem Rhythmus, keinem Ziel. Helfen wir ihm, bedingungslos!

Ich kannte in Neapel eine junge Familie, deren jüngstes Kind in diesem Alter war. Um im Sommer ans Meer zu gelangen, mussten sie ungefähr 1500 Meter vom Berg hinab eine sehr steile Straße benutzen, fast unbefahrbar für Karren und Kinderwagen. Die jungen Eltern wollten ihr Kind bei sich haben, aber es war einfach zu mühsam, es die ganze Zeit auf dem Arm zu tragen. Was tun in dieser Situation? Da war es das Kind selbst, das ihnen zu Hilfe kam und eigenständig den langen Weg zu Fuß hinablief. Hin und wieder hielt es bei einer Blume an, setzte sich ins Gras einer Wiese oder betrachtete irgendein Tier. Einmal schaute es eine geschlagene Viertelstunde gedankenverloren einem grasenden

Esel zu. Die Eltern blieben geduldig immer an seiner Seite. Jeden Tag stieg also der Kleine oben am Berg freudig aus und ging, ohne ein Zeichen der Müdigkeit, diesen langen, schwierigen Weg hinunter.

In Spanien kannte ich zwei Kinder zwischen zwei und drei Jahren, die jeden Tag Spaziergänge von rund zwei Kilometern machten, viele davon über eine Stunde lang treppauf, treppab, über Stock und Stein.

Es gibt Mütter, die auch in diesem Zusammenhang von „Launen“ ihrer Kleinsten sprechen. Eines Tages befragte mich eine Dame hierzu und erzählte mir, ihr kleines Mädchen, das gerade einige Tage allein laufen konnte, würde jedes Mal aufschreien, wenn es Treppen sah. Auf den Arm genommen und hinabgetragen, bekam es richtige Wutanfälle. Der Mutter erschien das Verhalten ihres Kindes unlogisch. Warum zappelte und weinte es, wenn es die Treppen hinunter getragen wurde? Vielleicht sei es ja reiner Zufall, meinte die Mutter. Aber nein! Es war klar, das Kind wollte „allein“ die Treppen gehen. Dieser spannende Weg voller Möglichkeiten, sich festzuhalten oder hinzusetzen, verlockte es offensichtlich mehr als später die Wiesen, wo der kleine Fuß im hohen Gras versank und die Hände keinen Halt fanden. Wo es zwar frei herumlaufen durfte, aber eben nur dort.

Treppen haben offensichtlich eine magische Anziehungskraft. Man kann häufig Kinder beobachten, die eine Treppe im Freien umlagern und

ständig hinauf- und hinablaufen, sich setzen, wieder aufstehen oder hinunterrutschen. Die Fähigkeiten der Straßenkinder, sich gefahrlos zwischen Hindernissen zu bewegen, zu rennen und sich sogar an fahrende Wagen anzuhängen, beweist eine unglaubliche Leistungskraft, weit entfernt von der verängstigten Lustlosigkeit, ja, sogar Faulheit der Kinder aus sogenannten besseren Familien. Dabei bekamen sie alle keine Hilfe, um ihre Fähigkeiten zu entwickeln. Die einen wurden in der gefahrvollen Erwachsenenwelt alleingelassen, die anderen wurden bevormundet und eingeengt, um sie vor eben dieser Welt der Erwachsenen zu schützen.

Das Kind, unverzichtbarer Ausgangspunkt für den Aufbau und Erhalt des Menschen, dieses schöpferische Wesen, ähnelt dem Messias, von dem die Propheten sagten, „er habe nichts, um sein Haupt zu betten.“

12. Die Hand

Es ist interessant, dass zwei der herausragenden physischen Entwicklungsphasen des Kindes sich auf die Bewegung beziehen. Es handelt sich um das beginnende Gehen und Sprechen. Die Wissenschaft hat diese beiden Bewegungsfunktionen als eine Art Voraussage für die Zukunft des Menschen angesehen. Und tatsächlich zeigt der Erwerb dieser beiden umfassenden Funktionen, dass der Mensch hiermit den ersten Sieg seines *Ichs* über die Ausdrucksmittel und Aktivitäten errungen hat. Nun ist die Sprache als Ausdruck des Gedankens tatsächlich ein Wesensmerkmal des Menschen. Anderes gilt für den Gang, der dem aller Tiere gleicht.

Im Gegensatz zur Pflanze „wechselt das Tier seinen Platz". Wird diese Veränderung durch bestimmte Organe wie Füße oder Pfoten möglich, wird Gehen zu einem grundsätzlichen Merkmal. Wenn auch die Möglichkeit zu gehen und „seinen Ort nach Belieben zu verändern", den Menschen zum Eroberer der ganzen Erde gemacht hat, ist Gehen trotzdem nicht das charakteristische Merkmal für die Intelligenz des Wesens.

Das sind jedoch die wirklichen „motorischen Fähigkeiten", verbunden mit Intelligenz, nämlich die Sprache und die Fähigkeit der Hand, Arbeiten auszuführen. So weiß man, dass die ersten Spuren

des Menschen in prähistorischen Zeiten nach Steinfunden beurteilt werden, ob diese zum Beispiel geschliffen oder abgesplittert sind. Sie dienten als erste Arbeitsinstrumente und bedeuten einen Einschnitt in der biologischen Geschichte der Lebewesen auf der Erde. Auch die Sprache hinterlässt eine Spur menschlicher Vergangenheit von dem Augenblick an, in dem die Töne sich nicht mehr nur in Luft auflösten, sondern von Händen in Stein gehauen wurden. „Unabhängig von den Händen" gehen zu können, auf diese Entwicklung verweisen sowohl die Morphologie des Körpers als auch die Gangart. Die oberen Gliedmaßen waren für ganz andere Funktionen als nur für die Fortbewegung gedacht: Sie sollten ausführendes Organ der Intelligenz werden. Auf diese Weise hat sich der Mensch innerhalb der Evolution der Lebewesen eine neue Position geschaffen: Er hat bewiesen, dass Psyche und Bewegung eine funktionale Einheit bilden.

Die Hand ist ein feines und in der Struktur kompliziertes Organ. Es kann mit der Intelligenz zusammen in spezielle Beziehungen zur Umwelt treten. Man kann sogar sagen, der Mensch „ergreift mithilfe seiner Hände Besitz von seiner Umwelt" und verändert sie durch seine Intelligenz. So erfüllt er seinen Auftrag im großen Bild des Universums.

Um die psychische Entwicklung des Kindes zu beurteilen, wären also logischerweise seine ersten intellektuellen Ausdrucksformen zu betrachten:

nämlich das Erscheinen der Sprache und seine Fähigkeit, mit den Händen etwas zu erschaffen.

Instinktiv hat der Mensch Sprache und Handbewegungen, diese nur dem Menschen vorbehaltenen Eigenschaften zusammen als wichtigen Ausdruck seiner Intelligenz empfunden. Sie finden symbolisch ihren Niederschlag im sozialen Leben der Erwachsenen. So bittet bei der Heirat der Mann um die Hand der Frau, sie geben einander das Ja-Wort und reichen sich die Hände. Auch beim Schwur gehören Wort und Handzeichen zusammen. Bei kirchlichen Riten unterstützen Handbewegungen die Sprache. Pilatus wusch „seine Hände in Unschuld" und sprach sich auf diese Weise von aller Verantwortung für Christi Kreuzigung frei. Aber auch der katholische Priester spricht beim mittleren Teil der Messe diese Worte und wäscht sich die Hände im Angesicht der Gläubigen.

Das alles zeigt, wie im Unterbewusstsein der Menschen die Hand als Ausdruck des inneren Ichs weiterlebt. Könnten wir uns nun ein größeres Wunder vorstellen, als die Entwicklung dieser zutiefst menschlichen Fähigkeit im Kind? Feierlich sollten wir sie begrüßen.

Wenn sich die kleine Hand zum ersten Mal Dingen nähert, um die Welt zu begreifen, müsste die Seele des Erwachsenen voller Bewunderung sein. Der Mensch aber hat Angst vor diesen kleinen Händen. Er verteidigt die wertlosen Dinge, die ihn umgeben

und wird nicht müde, dem Kind „Nicht anfassen!" zuzurufen, oder „Nicht bewegen, nicht sprechen!".

Unbewusst entwickelt der Erwachsene eine Abwehrhaltung. Er sucht bei anderen Zuspruch, als müsste er im Geheimen gegen eine Macht ankämpfen, die sein Wohlbefinden und seinen Besitz bedrohte.

Das Kind ist jedoch für seinen grundsätzlichen mentalen Aufbau darauf angewiesen, interessante Dinge in seiner Umwelt zu sehen und zu hören und etwas, das es lockt, zu berühren und in die Hand zu nehmen. Der Erwachsene aber fürchtet um seinen Besitz, der für das Kind „tabu" sein soll. Als könnte ein solches Verbot das vitale Problem der kindlichen Entwicklung lösen. Gelingt es dem Kind trotzdem, etwas in die Hände zu bekommen, verzieht es sich wie ein hungriger kleiner Hund ängstlich in eine Ecke, nimmt es in den Mund oder versucht, es auf andere Weise zu erkunden, um seinen Wissensdurst ungestört stillen zu können.

Geleitet von seinem *Ich* baut das Kind die notwendige Koordination seiner Bewegungen auf. Es vereint die erwachende Seele mit den Organen des körperlichen Ausdrucks. Dazu bedarf es ständig integrativer Erfahrungen, spontaner Aktivitäten. Hierbei geht es nicht um zufällige, sondern um gezielte Impulse, mit denen das Kind Aktionen wiederholt, die es in der Familie oder in seinem sozialen Umfeld bei der Handhabung oder beim Gebrauch bestimmter Dinge gesehen hat.

Möchte das Kind im Haushalt helfen oder sich kämmen und anziehen, so wird dieser Wunsch weltweit dem Nachahmungstrieb zugeschrieben. Das trifft aber nur bedingt zu. Anders als zum Beispiel ein Äffchen, folgt nämlich das Kind einem seelischen Bild, das es vor Augen hat. Das psychische Leben als Leitinstanz existiert immer schon vor den mit ihm verbundenen Bewegungen. Das Gleiche gilt für die Entwicklung der Sprache. Das Kind nimmt die Sprache auf, die es um sich herum hört. Ein Wort, das es spricht, hat es vorher gelernt und erinnert, um es dann nach eigenem Wunsch zu benutzen.

Kenntnis und Gebrauch des gehörten Wortes haben wiederum nichts mit der Imitation eines sprechenden Papageis zu tun. Es handelt sich nicht wie bei ihm, um eine unmittelbare Wiederholung, sondern um eine erinnerte Beobachtung oder Kenntnis. Die kindliche Sprache ist keine Imitation. Dieser Unterschied zeigt einerseits, wie wichtig die Beziehung zum Erwachsenen ist, andererseits, wie wesentlich die inneren Aktivitäten des Kindes sind.

Elementare Aktionen

Noch bevor das Kind nach logischen Motiven handelt, die es von Erwachsenen übernimmt, beginnt es aus eigenem Antrieb, aktiv zu werden. Hierbei kann es Gegenstände zu einem Zweck benutzen, der dem Erwachsenen unverständlich erscheint. Das geschieht vor allem im Alter von eineinhalb bis

Kenntnis und Gebrauch
des gehörten Wortes
haben wiederum nichts
mit der Imitation eines
sprechenden Papageis
zu tun.

drei Jahren. Ich habe zum Beispiel ein kleines Kind erlebt, das zu Hause einen Stapel frisch gebügelter, aufeinander gelegter Servietten sah. Ganz vorsichtig nahm es eine in die Hand, legte die zweite Hand darunter, damit die Serviette nicht knitterte und trug sie diagonal in die entfernteste Zimmerecke. Es legte sie auf den Boden und sagte „eins". Wiederum diagonal kehrte es zum Stapel zurück, offenbar folgte es also einer besonders sensiblen Orientierung. Beim Stapel angekommen, nahm es eine weitere Serviette herunter, ging denselben Weg und legte sie auf die erste am Boden. Dabei wiederholte es das Wort „eins". So machte es weiter, bis es alle Servietten dorthin gebracht hatte. Daraufhin trug es sie in gleicher Weise vorsichtig zurück. Alle blieben,

wenn auch nicht mehr perfekt, doch recht ordentlich gefaltet. Der Turm, zwar etwas beschädigt, war nicht auseinandergefallen. Zum Glück für das Kind war kein Familienmitglied bei dieser langen Aktion anwesend. Wie oft erleben die Kinder einen Erwachsenen, der hinzukommt und laut ruft: „Halt, halt, Hände weg!“ Und wie oft werden diese kleinen, staunenswerten Hände geschlagen, damit sie lernen sollen, die Sachen der Erwachsenen nicht anzufassen.

Eine andere faszinierende „elementare“ Arbeit der Kinder besteht darin, den Stöpsel oder Korken einer Flasche abzunehmen und wieder aufzusetzen, besonders gern, wenn er aus geschliffenem Kristall besteht und die Farben der Iris spiegelt, wie zum Beispiel der Verschluss eines Flakons. Dieses Abnehmen und wieder Aufsetzen des Stöpsels scheint besonders beliebt zu sein, ebenso, den Deckel eines großen Tintenfasses oder Kartons zu öffnen und zu schließen. Oder die Türen eines Geschirrschranks. Man kann verstehen, dass Erwachsene oft eingreifen, denn entweder sind es Mamas Sachen oder sie gehören auf Papas Schreibtisch oder auf ein kleines Möbelstück im Salon. Oft wird das Kind danach „launisch“. Aber es kommt ihm überhaupt nicht auf diesen Flakon oder auf dieses bestimmte Tintenfass an. Es wäre froh und zufrieden über ein Kinderspielzeug, das ihm die gleichen Bewegungen erlaubte.

Diese und andere ähnlich einfachen Handlungen dienen keinem bestimmten Zweck, sie können als

Vorstufe des arbeitenden Menschen angesehen werden. Für diese Vorbereitungszeit haben wir einige unserer Materialien für die Kleinsten geschaffen, wie zum Beispiel die robusten und weltweit erfolgreichen Holzpuzzles.

Die Idee, das Kind ungestört spielen zu lassen, ist leicht zu verstehen, aber praktisch schwer durchführbar. Die Hindernisse sind tief im Erwachsenen verwurzelt. Oft fühlt er den unwiderstehlichen Impuls einzugreifen, selbst wenn er eigentlich guten Willens und bereit ist, das Kind nicht zu ermahnen, wenn es Gegenstände anfassen und umstellen will.

Eine junge Mutter in New York wollte unsere Ideen bei ihrem zweieinhalbjährigen Jungen umsetzen. Eines Tages sah sie ihn ohne ersichtlichen Grund einen vollen Wasserkrug vom Schlafzimmer in den Salon tragen. Sie beobachtete seine Anspannung, seine Mühe, Schritt für Schritt voranzugehen, wobei er unentwegt murmelte: „Be careful, be careful“ [Sei vorsichtig]. Der Krug war schwer und schließlich konnte die Mutter sich nicht mehr zurückhalten. Sie nahm ihrem Sohn den Krug aus den Händen und trug ihn dorthin, wohin er ihn hatte bringen wollen. Er weinte und fühlte sich gedemütigt. Die Mutter, traurig darüber, dass sie ihr Kind gekränkt hatte, rechtfertigte sich mit den Worten, sie habe wohl verstanden, wie wichtig ihrem Kind diese Arbeit gewesen sei, trotzdem habe sie es nicht ertragen, dass es so viel Zeit aufwendete für etwas, das sie im Handumdrehen erledigen könne.

„Ich verstehe, dass ich mich falsch verhalten habe“, sagte sie mir und bat um meinen Rat. Ich dachte an den möglichen anderen Grund ihrer Frage, ob sie vielleicht unbewusst ihrem Kind nicht zugetraut hatte, den vollen Krug vorsichtig genug zu tragen. Daher erkundigte ich mich, ob sie nicht ein feines wertvolles Keramikservice mit feinen Tässchen hätte und schlug ihr vor:„Lassen Sie das Kind eine dieser leichten Tassen tragen und schauen Sie, was geschieht.“ Die Dame befolgte meinen Rat und erzählte mir später, dass Kind habe vorsichtig und aufmerksam diese Tässchen getragen, habe nach jedem Schritt innegehalten und sie sicher ans Ziel gebracht. Die Mutter war dabei von zwei widerstreitenden Gefühlen bewegt gewesen, von der Genugtuung, wie geschickt ihr Kind war, und von der Angst um ihre Tässchen. Aber sie ließ dem Kind die Freude und seine Begeisterung tat Körper und Seele gut.

In einem anderen Fall gab ich einem Mädchen im Alter von einem Jahr und zwei Monaten ein Staubtuch in die Hand, um Sachen abzustauben. Im Sitzen staubte es viele kleine, leuchtende Dinge ab, ein wahres Fest für das kleine Mädchen. Seine Mutter aber konnte sich nicht dazu durchringen und war überzeugt, diese zerbrechlichen Dinge gehörten nicht in die Hände eines kleinen Kindes.

Wenn das Kind zum ersten Mal seine Freude bekundet, selbst aktiv zu werden und zu „arbeiten“, so ist das für den Erwachsenen, der die Bedeutung dieser Entwicklungsstufe versteht, eine große

Wenn es zu sprechen beginnt,
freut sich das ganze Haus
über sein erstes Stammeln,
mehr braucht es
noch nicht.

Überraschung. Ihm wird klar, dass er ab jetzt für sein Kind auf sehr viel verzichten muss, seine eigene Persönlichkeit darf nicht mehr im Vordergrund stehen. Das ist mit seinem bisherigen sozialen Leben nicht vereinbar, denn das Kind ist noch nicht integriert in die Welt der Erwachsenen. Aber dem einsichtigen Erwachsenen ist klar, dass das Kind dazugehören muss, damit seine Entwicklung gefördert wird und es nicht verstummt.

Um diesen Konflikt zu lösen, muss die Umwelt auf die wachsende Aktivität des Kindes eingerichtet sein. Wenn es zu sprechen beginnt, freut sich das ganze Haus über sein erstes Stammeln, mehr braucht es noch nicht. Aber die ersten kleinen per Hand ausgeführten Tätigkeiten, gleichsam das Stammeln eines

Arbeiters, verlangen nach weiteren Anreizen. Bieten wir diese Möglichkeiten, so erleben wir staunend so manches Kind bei Unternehmungen, die eigentlich weit über seine Kräfte hinausgehen.

Ich besitze die englische Fotografie eines kleinen Kindes, das eines dieser landestypischen Prisma-Brote trägt, so groß, dass seine Arme es nicht halten können und es das Brot mit seinem ganzen Körper stützen muss. Dadurch kann das Kind nur nach hinten gebeugt gehen, ohne zu sehen, wohin es tritt. Auf dem Foto erkennt man deutlich die Aufregung des Hundes, der es begleitet. Angespannt lässt er es nicht aus den Augen, jederzeit bereit, zu ihm zu stürzen und zu helfen. Weiter entfernt sieht man Erwachsene, die dem Kind mit den Augen folgen, sich aber zurückhalten, um nicht zu ihm zu laufen und ihm das Brot aus den Armen zu nehmen. Ungestört vollbringen selbst ganz kleine Kinder in der richtigen Umgebung frühzeitig Leistungen, die uns durch ihre exakte Geschicklichkeit geradezu fassungslos machen.

13. Der Rhythmus

DER ERWACHSENE, der noch nicht verstanden hat, dass das Kind ein vitales Bedürfnis hat, seine Hände zu gebrauchen, und dass sich hierin bereits instinktiv der Wille verwirklicht, etwas schaffen zu wollen, verwehrt dem Kind mit seinen Verboten die Freude am Arbeiten.

Nicht immer geht es hierbei um eine Verteidigungshaltung des Erwachsenen. Es können durchaus andere Gründe vorliegen. So versucht zum Beispiel ein Erwachsener, der seinem Verstand folgt, möglichst direkt und ohne Zeitverlust sein Ziel zu erreichen. Das „Gesetz des geringsten Aufwands" ist eine Art Naturprinzip für ihn. Sieht er nun, welche Kraft das Kind für eine Aktion vergeudet, die er selbst viel besser und schneller erledigen könnte, so reizt es ihn, helfend einzuspringen. Er möchte ein Schauspiel, das ihm auf die Nerven geht, beenden.

Der Enthusiasmus des Kindes, mit dem es unnötige Dinge tut, erscheint ihm grotesk und unverständlich. Er weiß nicht, dass die große Aufgabe des kindlichen Geistes in dieser Entwicklungsphase darin besteht, „sich zu erinnern". Das wird dem Kind nach und nach gelingen, wenn es auch seine ganze Energie und Begeisterung darauf verschwenden muss. Es wird einen wahren Triumph empfinden, wenn es ihm beispielsweise gelungen ist, eine

verrutschte Tischdecke genau in die richtige Position zurückzulegen. Üblicherweise aber wird der Erwachsene diesen kindlichen Triumph vereiteln, er weiß es einfach nicht besser.

Versucht das Kind sich zu kämmen, so sieht der Erwachsene, dass er es schneller und ordentlicher machen könnte. Während das Kind also mit Vergnügen dabei ist, diesen notwendigen Schritt für den Aufbau seiner Persönlichkeit zu lernen, nimmt ihm plötzlich der riesengroße, tüchtige Erwachsene den Kamm aus den Händen und kämmt es schnell selbst. Dasselbe wiederholt sich, wenn das Kind sich langsam anzieht oder seine Schnürsenkel mühsam zubindet. Wehrlos erlebt es, wie der nervöse, ungeduldige Erwachsene seine Versuche vereitelt. Der Erwachsene ist nicht nur irritiert, wenn das Kind eine aus seiner Sicht unnötige Handlung ausführt, sondern ihn verwirrt auch dieser andere Rhythmus, in dem das Kind sich bewegt.

Nun beruht der Rhythmus nicht auf irgendeiner veralteten Idee, die man ändern könnte, oder auf einer neuen, die man verstehen könnte. Der Bewegungsrhythmus ist vielmehr ein Charakterzug und gehört wie die Körperform zur Persönlichkeit. Sie harmoniert mit gleichen oder ähnlichen Rhythmen. Daher ist es schmerzhaft, sich einem andersartigen Rhythmus anpassen zu müssen.

Sind wir zum Beispiel in der Nähe eines weitgehend Gelähmten und gehen mit ihm zusammen, so fühlen wir uns schon durch seinen Gang

eingeschränkt. Wenn wir dann beobachten, wie langsam und ungeschickt er sein Glas zum Mund führt, empfinden wir ein unerträgliches Unbehagen, das wir beenden möchten. Wenn wir ihm dann helfen, drängen wir ihm unseren eigenen Rhythmus auf unter dem Vorwand, einem Behinderten Hilfe zu leisten.

Ähnlich verfährt der Erwachsene mit dem Kind. Unbewusst versucht er, ihm die langsamen Bewegungen auszutreiben, so als wolle er eine lästige Fliege verscheuchen, die ihn stört.

Im Gegensatz dazu kann der Erwachsene die quirlige Art, den schnelleren Rhythmus eines Kindes gut ertragen. Er ist sogar bereit, das Durcheinander, die Unordnung, die das Kind in seine Welt bringt, hinzunehmen. In diesem Fall kann sich der Erwachsene „mit Geduld wappnen“. Denn ihm ist klar, dass es sich um äußere Aktivitäten handelt, auf die er reagieren kann, wenn er will. Langsamkeit hingegen fordert ihn unwiderstehlich heraus, er muss eingreifen, „übernehmen“. Statt das Kind bei seinen grundlegenden psychischen Bedürfnissen zu unterstützen, nimmt er ihm damit die Möglichkeiten, selbstständig zu handeln. Er wird für das Kind zum mächtigsten Hindernis auf dem Weg zur Entwicklung seines eigenen Lebens. Das verzweifelte Weinen und Schreien des Kindes, seine „Launen“, sich nicht waschen, kämmen oder anziehen zu lassen, beweisen ein erstes Drama menschlicher Auseinandersetzungen. Wer hätte je gedacht, dass diese

unerwünschte Hilfe die Wurzel aller Unterdrückungen sein könnte, aller gefährlichen Schäden, die der Erwachsene dem Kind zufügen kann?

Im Totenkult des japanischen Volkes nimmt die Vorstellung der kindlichen Hölle einen erschreckenden Platz ein. Es gehört zu den Riten, den Kindergräbern eine Menge kleiner Steine oder Gegenstände beizulegen, die die Kinder in der anderen Welt vor der ständigen Quälerei durch Dämonen bewahren sollen: Denn hat das Kind etwas aufgebaut, kommt ein Dämon, wirft sich darauf und zerstört es. Die Grabbeigabe der frommen Eltern erlaubt ihm, sich in der anderen Welt wieder etwas aufzubauen.

Wir begegnen hier einer beeindruckenden Projektion des Unterbewusstseins in ein jenseitiges Leben.

14. Die Substitution der Persönlichkeit

VERSETZT SICH DER Erwachsene in die Lage des Kindes, so kann er einerseits das kindliche Handeln an dessen Stelle übernehmen. Er kann aber auch so weit gehen, den kindlichen Willen zu unterwandern und seinen Willen dagegenzusetzen. In diesem Fall spricht aus dem Kind der Erwachsene selbst.

Als Charcot in seinem berühmten Institut der Psychiatrie die Übernahme der Persönlichkeit von Hysterikern durch Suggestion nachwies, war das von höchster Bedeutung. Denn seine Experimente erschütterten grundlegende Überzeugungen, die als unantastbar galten: nämlich, dass der Mensch stets Herr seiner eigenen Handlungen wäre. Charcot gelang hingegen experimentell der Nachweis, dass durch Suggestion die eigene Persönlichkeit unterdrückt und durch eine fremde Persönlichkeit ersetzt werden kann.

Diese Vorgehensweise, wenn auch auf den Rahmen einer Klinik beschränkt und nur in ausgewählten, seltenen Fällen erlaubt, eröffnete der Psychoanalyse neue Wege und Erkenntnisse. Sie gaben den Anstoß zu Studien über die doppelte Persönlichkeit, über das Unterbewusstsein und die innersten psychischen Zustände des Patienten. Schließlich

bewirkten sie ausgedehnte Forschungen der Psychoanalyse auf dem Gebiet des Unterbewusstseins.

Es gibt im Leben einen Zeitabschnitt, in dem das Kind extrem empfänglich für Suggestionen ist: Es ist die Periode, in der sich das kindliche Bewusstsein aufbaut und die Sensibilität kreativ auf äußere Reize reagiert. Der Erwachsene kann sich in dieser Zeit in den noch schwach ausgebildeten Willen des Kindes sozusagen einschleichen, ihn steuern und Einfluss nehmen auf seine Motilität [Fähigkeit zur aktiven Bewegung], das heißt auf seine noch unbewusst gesteuerten Bewegungen.

Manchmal wurden in unseren Schulen Übungen mit übertriebener Begeisterung oder einfach zu genau erklärt. Das führte dazu, dass im Kind seine noch schwach ausgebildete Fähigkeit, selbstständig zu urteilen und zu handeln, versiegte. Es führte Bewegungen aus, die sein *Ich* offenbar nicht kontrollierte oder ein fremdes, stärkeres *Ich* hatte dem Kind die Fähigkeit genommen, über seine noch zarten Organe zu bestimmen. Nicht immer absichtlich, nein, auch ohne sich dessen bewusst zu sein, suggeriert der Erwachsene dem Kind, was es tun soll. Ohne jedes schlechte Gewissen!

Ich möchte ein Beispiel anführen, das ich selbst erlebt habe. Ich sah, wie ein etwa zwei Jahre alter Junge ein Paar Schuhe auf die weiße Decke eines gemachten Bettes stellte. Spontan, nahezu unbewusst nahm ich die Schuhe vom Bett und sagte, während ich sie in eine Ecke stellte: „Sie sind schmutzig."

Dann strich ich mit der Hand über die Decke, um sie sauber zu machen. Nach diesem Erlebnis lief der Kleine, wo auch immer er ein Paar Schuhe sah, hin und nahm sie mit den Worten hoch: „Sie sind schmutzig." Er stellte die Schuhe woanders hin und ging zur Bettdecke. Er strich mit der Hand darüber, als wollte er sie sauber machen, obwohl sie mit den Schuhen überhaupt nicht in Berührung gekommen waren.

Ein anderes Beispiel: Eine Mutter freute sich über ein Paket, öffnete es und sah einen seidenen Stoffrest, den sie ihrem Kind hinhielt, und eine Trompete, die sie selbst an die Lippen führte. Das Mädchen rief fröhlich: „Musik!" Noch eine ganze Zeit lang freute sich das Mädchen, wenn es einen Stoff berührte und sagte: „Musik!"

In einer schwierigen Situation ist es besonders leicht, als Erwachsener anstelle des Kindes zu handeln, vor allem wenn er freundlich vorgeht und keine Reaktion provoziert. Das geschieht in gebildeten, disziplinierten Kreisen häufiger, vor allem durch geschickte *Nurses*. Ich möchte den recht typischen Fall eines Mädchens von rund vier Jahren anführen, das sich mit seiner Großmutter allein in der elterlichen Villa befand. Das Mädchen hatte Lust, den Wasserhahn eines Beckens im Garten aufzudrehen, um dem Wasserstrahl zuzusehen. Kurz vor der Berührung zog es plötzlich die Hand zurück. Die Großmutter bestärkte das Mädchen, den Hahn zu öffnen, es antwortete aber: „Nein, nein, die *Nurse* möchte

das nicht." Nun versuchte die Großmutter, das kleine Mädchen zu überzeugen, es wäre doch im eigenen Zuhause und dürfte das. Das Mädchen lachte froh und zufrieden, es wollte nun unbedingt den Strahl sehen. Aber, obwohl es den Arm ausstreckte, hielt seine Hand auf halbem Weg inne, es gelang ihm nicht, den Hahn zu öffnen. Der ferne Befehl der abwesenden *Nurse* wirkte stärker, als die Überzeugungskraft einer anwesenden vertrauten Person.

Einen ähnlichen Fall erlebte ich bei einem größeren Kind von etwa sieben Jahren. Es hatte ruhig gesessen, als es plötzlich aufsprang, um sich weiter hinten im Zimmer etwas anzusehen. Mitten in der Bewegung hielt es inne, setzte sich wieder und war gleichsam gelähmt durch eine unüberwindliche Willensübertragung. Wer es gewesen war, der ihm diesen inneren Befehl erteilt hatte, wusste niemand mehr.

Die Liebe zur Umwelt

Diese Phase, in der die psychischen Funktionen aufgebaut werden, wird charakterisiert von einer inneren Sensibilität, die wir die „Liebe zur Umwelt" genannt haben. Die Aufmerksamkeit, mit der das Kind Dinge aus seiner Umgebung beobachtet, vor allem die Aktivitäten der Erwachsenen, um sie zu verstehen und ihr Tun nachzuahmen, diese Sensibilität des Kindes kann dahin führen, dass es sich unter gewissen Umständen von Erwachsenen

beeinflussen lässt. In diesem Fall hätte der Erwachsene die spezielle Aufgabe, das Kind zu eigenem richtigen Verhalten anzuleiten, die kindlichen Aktionen zu inspirieren, ein offenes Buch zu sein, aus dem es lernen kann, was es braucht. Um diese Aufgabe zu erfüllen, muss der Erwachsene darauf achten, stets ruhig und gelassen zu reagieren, damit der Vorgang für das beobachtende Kind in allen Einzelheiten klar verständlich wird.

Folgt der Erwachsene jedoch seinem eigenen schnellen und effektiven Rhythmus, so besteht die Gefahr, dass er, statt das Kind zu inspirieren, sich selbst in die kindliche Seele einprägt und suggestiv seine Stelle einnimmt.

Eine große Anziehungskraft können auch Gegenstände besitzen, wenn sie haptisch so attraktiv sind, dass das Kind sie einfach berühren muss. Ich zitiere hierzu ein interessantes Experiment von Prof. Levine, erläutert durch seine psychologischen Filme, in denen die verschiedenen Reaktionen behinderter und normaler Kinder in unseren Schulen (in etwa gleichem Alter und unter gleichen äußeren Bedingungen) gezeigt werden: Auf einem langen Tisch liegen verschiedene Dinge, einige davon aus den von uns bevorzugten Materialien.

Die erste Gruppe tritt ein. Die Kinder zeigen sich interessiert, die Objekte ziehen sie an, sie sind lebhaft und lächeln, scheinen zufrieden, sich inmitten so vieler Dinge zu befinden.

Jedes Kind nimmt eine Sache in die Hand, beginnt etwas damit zu tun, dann nimmt es ein zweites Stück und so geht es weiter, es macht viele verschiedene Erfahrungen. Ende des ersten Filmabschnitts.

Eine zweite Gruppe tritt ein, die Kinder bewegen sich langsam, bleiben stehen, schauen, sie nehmen kaum ein Stück in die Hand, sie stellen sich darum herum und scheinen sich nicht mehr zu bewegen. Ende des zweiten Filmabschnitts.

Zu welcher Gruppe zählen normale, zu welcher behinderte Kinder? Das Ergebnis mag erstaunlich erscheinen: Behindert sind die lebhaften, fröhlichen Kinder, die sich viel bewegen, von einer Sache zur anderen gehen und alles berühren wollen. Das Publikum hält sie tatsächlich für intelligenter, wir sind daran gewöhnt, lebhafte Kinder, die fröhlich herumlaufen, als intelligent anzusehen.

Die normalen Kinder hingegen bewegen sich ruhig, sie bleiben stehen und betrachten einen Gegenstand lange, als wollten sie über ihn nachdenken. Das ruhige, zurückhaltende und nachdenkliche Verhalten entspricht einem gesunden Kind.

Diese Darstellungen scheinen den allgemein vorherrschenden Ansichten zu widersprechen, denn in gewohnter Umgebung verhalten sich die intelligenten Kinder wie die Behinderten im Film. Das normale, langsame und bedächtige Kind wirkt wie ein neuer Typus. Aber sofort zeigt sich, dass seine Bewegungen vom *Ich* kontrolliert und vom Verstand

Das normale, langsame und bedächtige Kind
wirkt wie ein neuer Typus.
Aber sofort zeigt sich,
dass seine Bewegungen
vom Ich kontrolliert und
vom Verstand
beherrscht sind.

beherrscht sind. Es entscheidet selbst, ob und wie es auf die Anziehungskraft reagiert.

Also nur die selbstbestimmte Aktivität zählt. Nicht Bewegungen irgendwelcher Art sind von Bedeutung, es kommt darauf an, die Motorik zu beherrschen. Das innere Phänomen, selbst entscheiden zu können und nicht dem Reiz einer Sache folgen zu müssen, bewirkt die Konzentration auf eine Sache.

Sich auf diese vorsichtige und nachdenkliche Art zu verhalten, ist also normal. Sie zeigt im Kern die innere Disziplin, die sich mithilfe der Ordnung entwickelt hat und deren Ausdruck das äußere Verhalten ist. Ohne sie kann die Persönlichkeit leicht vom Willen anderer beeinflusst werden, sie wird

zum Spielball äußerer Umstände und kann vom Kurs abtreiben wie ein steuerloses Boot.

Der Wille eines Außenstehenden, der das Kind lenken will, schafft keine psychische Ordnung und führt daher nur selten zu diszipliniertem Handeln. Man spricht dann von einer zerrissenen Persönlichkeit, das Kind hat die Möglichkeit verloren, sich selbständig und seiner inneren Natur entsprechend zu entwickeln. Man könnte es mit einem Menschen vergleichen, der mit einem Heißluftballon in der Wüste gelandet ist. Plötzlich sieht er, wie der Ballon vom Wind fortgetragen wird und ihn allein zurücklässt. Dieser Mensch hat keine Möglichkeit mehr, den Ballon zu steuern. Und in seiner Umgebung sieht er nichts, das ihm helfen könnte. So ähnlich kann es einem Menschen ergehen, der als Kind in seiner Entwicklung von einem Erwachsenen gehemmt wurde. Seine Intelligenz ist schattenhaft und unterentwickelt geblieben, er kann sich nicht ausdrücken, seine Worte verwehen im Wind.

15. Die Bewegung

DIE BEDEUTUNG DER BEWEGUNG kann für den Aufbau der Psyche gar nicht hoch genug eingeschätzt werden. Es war ein schwerer Fehler, die Bewegung als eine unter vielen den verschiedenen Körperfunktionen zuzuordnen, ohne ihre außerordentliche Wirkung auf das vegetative Leben im Vergleich zu allen anderen hervorzuheben. Immer noch betrachtet man die Bewegung gern als etwas, das hauptsächlich zur normalen Aktivität des Körpers beiträgt, das vor allem die Atmung, Verdauung und den Blutkreislauf unterstützt.

Selbst in der Tierwelt, wo die Bewegung die typische und wichtigste äußere Funktion darstellt, beeinflusst sie das innere vegetative Leben. Bewegung steht sozusagen am Anfang und am Ende aller anderen Aktivitäten. Es ist daher immer falsch, sie grundsätzlich allein vom physischen Standpunkt aus zu betrachten. Denken wir an den Sport. Er tut nicht nur der körperlichen Gesundheit gut, sondern er stärkt Mut, Selbstvertrauen und das moralische Verhalten. Außerdem ist Sport in der Lage, ungeheure Menschenmengen zu begeistern. Das heißt also, die psychischen Auswirkungen der Bewegung sind viel stärker als die rein physischen.

Daher beruht die Entwicklung des Kindes, charakterisiert durch physische Anstrengung und Übung,

nicht nur auf einem natürlichen, altersgemäßen Phänomen, sondern ebenso auf psychischen Eindrücken. So ist es sehr wichtig, dass das Kind während seiner Aktivitäten Bilder aus seiner Umwelt aufnehmen und einordnen kann, damit sein *Ich* mithilfe der sensitiven Energie selbst seine Intelligenz aufbauen kann. Diese innere verborgene Arbeit mündet in der Vernunft, die letztlich den Menschen als vernunftbegabtes Wesen auszeichnet. Er ist in der Lage, vernünftig etwas abzuwägen und zu beurteilen, er kann etwas wollen und tätig werden.

Gegenüber dem Kind verhält sich der Erwachsene gern wie jemand, der davon ausgeht, dass sich der Verstand schon mit der Zeit, also mit zunehmendem Alter, entwickeln wird. Und obwohl er die Anstrengung des Kindes bemerkt, das durch eigene Kraft wächst, leistet er ihm keine Hilfe: Er wartet im Gegenteil darauf, dass das rationale Wesen erscheint, damit er ihm seinen eigenen Verstand entgegensetzen kann. Vor allem dann, wenn das Kind sich ungehindert bewegen möchte, und der Erwachsene der Meinung ist, das müsse er unterbinden. Dadurch behindert er die natürliche Entwicklung des kindlichen Verstandes. Um die innere Kraft der Bewegung zu verstehen, muss man sie als Verkörperung der schöpferischen Energie begreifen. Sie ist es, die den Menschen einzigartig macht. Sie befähigt ihn, sich einen persönlichen Umkreis zu erschaffen, in dem er wirken kann. Die Bewegung ist also nicht nur Ausdruck seines *Ichs*, sondern unerlässlicher Faktor

für den Aufbau seines Bewusstseins. Das wiederum ermöglicht dem *Ich* eine feste Verbindung mit der Umwelt. Ohne Bewegung könnte der Mensch seine Intelligenz nicht entwickeln.

Das umfasst selbst abstrakte Ideen. Sie beruhen auf einem Reifeprozess der real gemachten Erfahrungen, die durch die Beweglichkeit des Menschen möglich geworden sind. Selbst so abstrakte Ideen wie Raum und Zeit werden erst durch die Bewegung verständlich. Diese ist der Faktor und der Moment, der den Geist mit der Welt verbindet. Das spirituelle Organ wird in zweifacher Hinsicht tätig: Es ist für die Entstehung der inneren Idee zuständig und auch für ihre Umsetzung in der äußeren Welt. Der menschliche Bewegungsapparat ist ungeheuer kompliziert. Die Muskeln sind so zahlreich, dass sie nicht alle gebraucht werden, der Mensch verfügt also immer über eine stille Reserve. Er kann sie nach seinen Wünschen einsetzen. Wer zum Beispiel in seinem Beruf feine manuelle Arbeiten ausführt, benutzt bestimmte Muskeln, die etwa ein Tänzer niemals braucht und umgekehrt. Man kann sagen, dass die eigenständige Persönlichkeit sich durch teilweise intensive Nutzung ihrer Bewegungsmöglichkeiten entwickelt.

Um diesen natürlichen Zustand aufrechtzuerhalten, müssen die Muskeln ausreichend bewegt werden. Darauf beruhen die unendlich vielen Angebote auf sportlichem Gebiet. Ohne ständige Bewegung nimmt die Energie ab, wir werden körperlich

und seelisch unbeweglich und depressiv. Die Wiederbelebung der Muskelfunktionen setzt daher immer auch die psychische Bereitschaft voraus, sich zu bewegen. Zwischen den motorischen Funktionen und dem Willen besteht eine direkte Verbindung.

Alle vegetativen Funktionen des Körpers, auch wenn sie mit dem Nervensystem verbunden sind, arbeiten dagegen unabhängig vom Willen. Jedes Organ verfügt über seine eigene festgelegte und ständig ausgeführte Funktion, Zellen und Gewebe besitzen die dafür notwendige Struktur. Sie reagieren wie jene Spezialisten, denen es unmöglich ist, irgendetwas auszuführen, was nicht in ihren Arbeitsbereich fällt. Der fundamentale Unterschied zwischen diesen Elementen und den Muskeln besteht darin, dass die Muskelfasern nicht unablässig aus sich selbst heraus funktionieren, sondern der Wille ihnen den Auftrag geben muss. Man könnte sie mit disziplinierten Soldaten vergleichen, die gehorsam auf die Befehle ihrer Vorgesetzten warten.

Die eben erwähnten Zellen haben bestimmte Funktionen, wie Milch oder Speichel zu produzieren, den Sauerstoff zu binden, schädliche Substanzen auszuscheiden oder Mikroorganismen zu bekämpfen. Ihrer unermüdlichen Tätigkeit verdanken wir das Funktionieren unserer Organe. Ebenso gelingt unser soziales Leben nur, wenn jeder Experte, jeder Arbeiter fraglos und verlässlich jeden Tag seinen Teil der Aufgaben übernimmt.

Zwischen den motorischen Funktionen und dem Willen besteht eine direkte Verbindung.

Anderes gilt für die vielen Muskelzellen. Sie funktionieren nicht automatisch. Sie sind frei, beweglich und schnell, um sofort dem Befehl des Willens zu gehorchen. Sie arbeiten mit einer Vielzahl verschiedener Muskeln zusammen. Diese perfekte Organisation beruht auf einer laufend geübten Disziplin, die es möglich macht, dass jeder zentral gegebene Befehl eines Individuums an jeden beliebigen peripheren Punkt seines Körpers gelangen kann. Unter diesen Bedingungen gelingen dem Organismus in seinem Zusammenspiel wahre Wunder.

Was wäre der Wille ohne sein Werkzeug?

Dieses Werkzeug ist die Bewegung. Sie teilt den Befehl des Willens allen Muskelzellen mit, damit er ausgeführt wird. Wir können die Bemühungen des

Kindes miterleben, seine Kämpfe geradezu, um dieses Ziel zu erreichen. Die Atmung oder besser der Impuls des Kindes führt dazu, dieses Organ zu perfektionieren und zu beherrschen, denn sonst wäre das Kind nichts anderes als das Abbild eines willenlosen Menschen. Die Früchte seiner Intelligenz könnten nicht in Erscheinung treten, ja, sie würden sich nicht einmal entwickeln. Der Wille ist also nicht nur ein ausführendes, sondern ein unerlässliches aufbauendes Element.

Zu den völlig unerwarteten, daher besonders überraschenden Aktivitäten der Kinder, die sich in unseren Schulen frei beschäftigen dürfen, gehören die Liebe und die Genauigkeit, mit der sie ihre Arbeiten ausführen. Wir sehen daran, dass es dem Kind, das nach eigenen Wünschen tätig werden darf, nicht nur um die Erfassung der sichtbaren Bilder in seiner Umgebung geht, sondern auch um die liebevolle und genaue Umsetzung seines Wunsches. Der Geist scheint einem inneren Antrieb zu folgen, sich selbst zu verwirklichen. Das Kind ist ein Entdecker: Aus einem gestaltlosen Nebel geboren, ist es ein noch unfertiges leuchtendes Wesen auf der Suche nach seiner eigenen unverwechselbaren Form.

16. Das Unverständnis

DER ERWACHSENE hat überhaupt keine Vorstellung von der Bedeutung der motorischen Aktivität für das Kind. Er beschränkt sich darauf, sie zu verbieten in der Überzeugung, sie würde ihn stören.

Selbst Wissenschaftler und Erzieher hatten keine Ahnung, wie wesentlich die Aktivität für den Aufbau des Menschen ist. Aber schon das Wort „animale“ (Tier) trägt die Idee der „animazione“, der Bewegung, der Aktivität in sich. Sie ist es, die den Unterschied ausmacht: Während die Pflanzenwelt fest mit dem Boden verbunden ist, können die Tiere sich fortbewegen. Wie sollte man unter diesem Gesichtspunkt die Bewegungsaktivität des Kindes einschränken wollen?

Aus dem Unterbewusstsein des Erwachsenen steigen Ausdrücke auf wie: „Das Kind ist ein Pflänzchen, eine Blume“, folglich „sollte es ruhig sein“. Man sagt zwar: „Es ist ein Engel“, also ein Wesen, das sich bewegt und fliegt, aber außerhalb unserer menschlichen Welt. „Mein Engel“ ist eben nur ein Kosewort.

So reicht die mysteriöse Blindheit der menschlichen Seele weit über die engen Grenzen hinaus, die die Psychoanalyse als blinde Flecken, als Teilblindheit im Unterbewusstsein der Menschheit anerkennt.

Leider ist dieses Unverständnis tief verwurzelt. Nur so ist es zu erklären, dass selbst präzise wissenschaftliche Forschungsmethoden die Bewegungsfähigkeit nicht als den großartigsten Beweis menschlichen Lebens enthüllt haben. Zwar sind sich alle hinsichtlich der Bedeutung der „üblichen" Sinnesorgane für den Aufbau der Intelligenz einig. Niemand zweifelt an deren Wert. Und so scheint es klar, dass Taubstumme oder Blinde unüberwindliche Schwierigkeiten in ihrer Entwicklung haben müssten, da doch Hören und Sehen die Eingangspforten der Intelligenz und damit des Intellekts sind. Nach herrschender Ansicht können aufgrund ihrer inneren Bedingungen Taubstumme und Blinde eben nur eine eingeschränkte Intelligenz entwickeln im Vergleich zu den Menschen, die über alle Sinne verfügen. Diese Beeinträchtigungen sind, auch hierüber herrscht Einigkeit, durchaus mit einer perfekten körperlichen Gesundheit vereinbar.

Natürlich könnte niemand auf die völlig absurde Idee kommen, einem Kind bewusst sein Gehör und Augenlicht zu nehmen, damit es schneller die intellektuelle Kultur und Moral der Gesellschaft erlernen könnte. Wir könnten ebenso wenig von Menschen nur aufgrund der Tatsache, dass sie blind und taub sind, erwarten, gerade sie wären besonders geeignet, die Gesellschaft zu verbessern. Nur sind sie deswegen eben auch nicht weniger geeignet.

Aber die Allgemeinheit davon zu überzeugen, dass es für den intellektuellen und moralischen

Aufbau des Menschen „vor allem auf Bewegung" ankommt, gelingt nur schwer. Könnte sich das Kind während des Aufbaus der eigenen Persönlichkeit nicht ausreichend bewegen, schränkte das seine Entwicklung stärker ein, als fehlte ihm eines der anderen Sinnesorgane. Ja, seine Intelligenz bliebe für immer unterentwickelt.

Das schmerzvolle Bild des Menschen, der bewegungslos in seinem Leib gefangen bleibt, ist dramatischer und ergreifender, als das des Blinden oder Taubstummen. Wenn ihnen auch einige äußere Entwicklungsmöglichkeiten fehlen, so können sie doch durch erhöhte Sensibilität das fehlende Sinnesorgan weitgehend ersetzen. Die Bewegung hingegen ist so eng mit der Persönlichkeit selbst verbunden, dass nichts sie ersetzen kann. Der bewegungslose Mensch, innerlich traumatisiert, verzichtet auf das Leben. Er stürzt als ein auf ewig Verdammter in einen bodenlosen Abgrund. Er ähnelt den aus dem Paradies vertriebenen Gestalten, die voller Scham und Schmerz sich den Leiden einer unbekannten Welt zuwenden müssen.

Wenn wir von „Muskeln" sprechen, denken wir gewöhnlich an mechanisch sich wiederholende Bewegungen. Widersprechen wir damit unserem Konzept, unser Geist existiere unabhängig von Materie und Mechanik? Nein, aber wir haben erkannt, dass unsere Intelligenz sich überhaupt erst mithilfe unseres Bewegungsapparates entwickeln kann. Damit werden die alten Überzeugungen hinfällig.

Natürlich gibt es trotzdem auch in den Augen und Ohren höchst wichtige Mechanismen. So ist dieser „zum Leben erweckte Fotoapparat“ in unserem Auge einfach perfekt. Es gibt keinen besseren. Und der Aufbau des Ohres bildet ein phantastisches Ganzes aus Bändern, vibrierenden Membranen, vergleichbar mit einer ganzen Jazz-Band, in der nicht einmal das Schlaginstrument fehlt.

Wenn wir jedoch von der Bedeutung dieser großartigen Apparate für den Aufbau der menschlichen Intelligenz sprechen, denken wir nicht an ihre bewundernswerte Mechanik, sondern wie sie bewegt, wie sie gebraucht werden. Mit ihrer Hilfe kommuniziert das *Ich* mit der Welt, es setzt sie seinen seelischen Bedürfnissen entsprechend ein. Der Anblick von Naturerscheinungen, die aufgehende Sonne, der Zauber der Natur oder die Freude an Kunstwerken, an einer klangvollen Sprache, an Musik, all diese fortlaufenden Eindrücke zusammengenommen, schenken dem inneren *Ich* das Entzücken seiner Seele, sind Lebensnahrung. Allein das *Ich* handelt, es entscheidet und genießt diese Eindrücke.

Sehen und Hören für sich genommen bedeuten nichts, aber in diesen Augenblicken formt sich sehend und hörend die Persönlichkeit, das *Ich* wird ernährt, es genießt und wächst.

Entsprechende Überlegungen gelten ebenso für die Bewegung. Auch sie verfügt zweifellos über mechanische Organe, allerdings sind diese nicht starr und fest, wie die Membran des Trommelfells oder

die Linse im Auge. Das Hauptproblem des menschlichen Lebens und damit der Entwicklung und Erziehung besteht darin, dass es dem *Ich* gelingen muss, die eigenen motorischen Instrumente zu beleben und über sie zu verfügen, um auf diese Weise *dem Instinkt zu gehorchen, der beim Menschen nicht den Funktionen des vegetativen Lebens unterliegt,* sondern der zur Intelligenz gehört, in der sich der Schöpfergeist selbst verbirgt.

Erfüllt das *Ich* diese grundlegenden Bedingungen nicht, trennt es sich vom Körper, den es hätte beleben sollen, und wird zum ziellosen Instinkt.

17. Der Intellekt der Liebe*

ALLE ARBEITSAUFGABEN des Lebens, die sich innerhalb seiner Gesetze und im Einklang mit ihnen vollziehen, bewirken Harmonie unter den Lebewesen und gelangen in das Bewusstsein als *Liebe*. Wir können sagen, sie kontrolliert unsere Sicherheit und unsere Gesundheit.

Zweifellos ist die Liebe nicht der handelnde Motor, aber sie ähnelt dem Widerschein des Lichts, den Planeten von einem größeren Himmelskörper empfangen. Der Instinkt ist die treibende Kraft, der schöpferische Impuls des Lebens. Mit dem schöpferischen Akt verbunden ist die Liebe, sodass sie das Bewusstsein des Kindes erfüllt: Das Kind verwirklicht sich selbst durch die Liebe.

Daher können wir auch den unwiderstehlichen Impuls, der in den „sensiblen Perioden" das Kind mit den Dingen verbindet, als Liebe zur Umwelt begreifen. Es handelt sich nicht um Liebe, wie wir sie gemeinhin als ein emotionales Gefühl verstehen: Es ist eine liebevolle Hingabe, geboren aus der Intelligenz. Sie sieht, schaut und baut auf. Diese Inspiration, die das Kind zum Schauen antreibt, könnten

* „Schaukraft der Liebe" in der von Helene Helming überarbeiteten Übersetzung 1952

wir mit einem Ausdruck Dantes* als „intelletto d'amore" bezeichnen, als „Intellekt der Liebe".

Diese Fähigkeit, lebhaft und minutiös Teile der Umwelt zu beobachten, die uns abgestumpften Erwachsenen völlig unbedeutend erscheinen, ist sicher eine Form der Liebe. Zeichnet sich denn die Liebe nicht dadurch aus, dass sie sensibel Dinge und Eigenheiten bemerkt, die andere nicht sehen und daher nicht würdigen und verstehen? Besonderheiten, die verborgen scheinen und die nur die Liebe entdecken kann? Die Intelligenz des Kindes ist niemals gefühllos, es beobachtet voller Liebe und enthüllt so das Unsichtbare. Dieses temperamentvolle In-sich-Aufnehmen, diese akkurate, unermüdliche Liebe charakterisiert die Kindheit.

Lebhaftigkeit und Freude sah der Erwachsene hauptsächlich als Äußerungen eines intensiven, typisch kindlichen Lebens an. Dass die Liebe eine spirituelle Energie ist, dass ihr Wesen die beglückende Schönheit einer schöpferischen Tätigkeit ist, kam ihm nicht in den Sinn.

Das Kind liebt, indem es seiner Natur folgt und seelisch etwas verarbeitet. Es nimmt Dinge auf, um sie seinem eigenen Leben hinzuzufügen. Die kindliche Liebe wertet nicht.

* Dante Alighieri (*1265 in Florenz, †1321 in Ravenna), italienischer Dichter und Philosoph.

In seiner Umwelt ist vor allem der Erwachsene Gegenstand seiner Liebe. Von ihm erhält das Kind in jeder Hinsicht materielle Hilfe, von ihm nimmt es bereitwillig an, was es für den Aufbau seiner eigenen Persönlichkeit braucht. Der Erwachsene ist für ihn ein achtunggebietendes Wesen. Er spricht unaufhörlich Worte, die es leiten und ihm helfen, seine Sprache zu entwickeln. Sie wirken im Kind wie Anregungen aus einer übernatürlichen Welt.

Durch seine Tätigkeiten zeigt der Erwachsene dem Kind, welches aus dem Nichts gekommen ist, wie Menschen sich verhalten. Indem es ihn imitiert, tritt das Kind in das Leben. Worte und Handlungen des Erwachsenen begeistern es, es möchte ihm am liebsten gleichen. Daher ist das Kind äußerst sensibel gegenüber dem Erwachsenen, so sehr, dass es ihm unter Umständen erlaubt, an seiner Stelle in ihm zu leben und zu handeln. Die Episode mit den Schuhen auf der Bettdecke bedeutet Gehorsam und Aneignung. Was der Erwachsene ihm sagt, bleibt in seinem Geist wie in Marmor gemeißelt. Erinnern wir uns an das Beispiel des kleinen Mädchens, dessen Mutter ein Paket mit Stoff und einer Trompete bekommen hatte. Daher sollte der Erwachsene alle Worte bedenken und abwägen, die er vor einem Kind ausspricht, denn es ist begierig zu lernen und geliebt zu werden.

Das Kind ist bereit, dem Erwachsenen bis an die Grenze seiner eigenen geistigen Wurzeln zu gehorchen. Wenn der Erwachsene aber aus Eigennutz

dem Kind Handlungen verbietet, die es nach den unveränderlichen Normen und Gesetzen für seine Entwicklung braucht, ist es ihm unmöglich zu gehorchen. Das wäre so, als wolle ihm der Erwachsene das Wachsen der Zähne verbieten. Launen und Ungehorsam gegenüber einem uneinsichtigen Erwachsenen zeigen deutlich den vitalen Konflikt zwischen schöpferischem Impuls und der Liebe zum Erwachsenen. Das müssen wir immer bedenken, wenn ein Kind, statt zu gehorchen, „launisch" wird.

Wir sollten also in unserem Urteil davon ausgehen, dass das Kind den Wunsch hat zu gehorchen und dass es liebt. Das Kind liebt den Erwachsenen über alle Maßen, während wir gerne sagen: „Wie sehr lieben die Eltern das Kind." Dasselbe sagt man auch von Lehrern: „Wie sehr lieben sie die Kinder." Wir gehen davon aus, dass wir es sind, die den Kindern erst beibringen müssen zu lieben, die Mutter zu lieben, den Vater, die Lehrer, alle Menschen, die Tiere, die Pflanzen, überhaupt alles.

Aber wenn es so wäre, von wem könnten sie denn diese Liebe lernen? Wer wird zum Lehrer der Liebe? Derjenige, der alle kindlichen Äußerungen, die er ablehnt, Launen nennt? Wie könnte er die Liebe lehren, wenn er jene Sensibilität nicht besitzt, die wir den „intelletto d'amore" genannt haben, den „Intellekt der Liebe"?

Wer dagegen wirklich liebt, ist das Kind. Es wünscht sich den Erwachsenen an seine Seite, es

bittet um seine Aufmerksamkeit: „Sieh mich an, sei bei mir."

Am Abend, wenn es ins Bett geht, ruft das Kind den Menschen, den es liebt und möchte, dass er es nicht allein lässt. Auch wenn wir zum Essen gehen, möchte schon der Säugling mit uns kommen, nicht um selbst zu essen, sondern um uns zuzusehen, um bei uns zu sein. Der Erwachsene geht an dieser mystischen Liebe achtlos vorüber, ohne sie zu erkennen. Aber seid vorsichtig, dieser Kleine, der euch liebt, wird wachsen und fortgehen von euch. Wer wird euch so lieben wie er? Wer wird euch im Augenblick des Schlafengehens rufen und zärtlich sagen: „Bleib bei mir", statt gleichgültig „gute Nacht" zu sagen? Wer wird so leidenschaftlich bei euch sein wollen, wenn ihr esst, nur um euch zuzusehen? Wir wehren diese Liebe ab – niemals werden wir eine solche Liebe wiederfinden! – und sagen ungeduldig: „Ich habe keine Zeit, es passt mir jetzt nicht, ich habe zu tun!" Im Grunde aber denken wir: „So geht es nicht weiter, wir müssen etwas ändern, sonst werden wir noch zum Sklaven des Kindes." Wir möchten diese Bürde loswerden und endlich tun, was uns Spaß macht, und haben dabei nur unsere Bequemlichkeit im Sinn.

Genauso halten wir es für eine schreckliche Unart, dass das Kind morgens gerne Mama und Papa aufweckt. Die *Nurse* sollte wirklich besser aufpassen, gerade so, als wäre sie der himmlische Wächter des elterlichen Morgenschlafes.

... der Säugling [möchte]
mit uns kommen, nicht um selbst zu essen,
sondern um bei uns zu sein.
Der Erwachsene geht an dieser mystischen Liebe
achtlos vorüber,
ohne sie zu erkennen.

Aber was, wenn nicht Liebe, treibt das kaum erwachte Kind zu den Eltern?

Natürlich ist es noch früh, wenn es bei Sonnenaufgang fröhlich aus dem Bett springt. Es geht zu den schlafenden Eltern, wie um ihnen zu sagen: „Lebt im Einklang mit der Natur, es ist schon hell, es ist Morgen!“ Natürlich will es nicht mahnend den Zeigefinger heben, es läuft zu ihnen, weil es sie liebt und sie wiedersehen möchte.

Vielleicht ist das Zimmer noch dunkel, gut abgedunkelt, damit das klare Morgenlicht nicht stört. Ängstlich im Dunkeln tastet sich das Kind voran, es überwindet seine Furcht und berührt sanft die Eltern. Papa und Mama aber brummeln: „Haben wir

dir nicht immer wieder gesagt, du sollst morgens nicht so früh kommen und uns aufwecken ...?“

„Ich habe euch doch nicht aufgeweckt“, antwortet es, „ich wollte euch nur einen Kuss geben ...“, als würde es sagen: „Ich wollte euch nicht wirklich aufwecken, ich wollte nur eure Seelen rufen.“

Ja, die Liebe des Kindes hat eine immense Bedeutung für uns. Vater und Mutter nehmen ihr Leben lang Belastungen mit in den Schlaf. Sie brauchen ein neues Wesen, das sie aufweckt und erneuert, das sie mit der frischen, lebendigen Energie belebt, die sie längst verloren haben. Ein Wesen, das sich anders verhält als sie und ihnen jeden Morgen sagt: „Steht auf für ein anderes, ein besseres Leben.“

Besser leben, ja: Den Hauch der Liebe spüren.

Ohne das Kind, das uns mit seiner Energie hilft, würden wir verkrüppeln. Ein Panzer würde unseren Geist und unsere Sensibilität einschließen. Und unser Herz würde sich selbst verlieren! Das lässt uns an die Worte Christi beim Letzten Gericht denken: „Hinweg, ihr Verfluchten, denn ich bin krank gewesen und ihr habt mich nicht gepflegt.“

Und jene antworten: „Aber wann denn, Herr, haben wir dich krank angetroffen?“

„Immer, wenn ihr einem armen Kranken begegnet seid, war ich es. Hinweg, ihr Verfluchten, denn ich war gefangen und ihr habt mich nicht besucht.“

„Oh, Herr, wann warst du im Gefängnis?“

„In jedem Gefangenen war ich.“

Dieser dramatische Abschnitt des Evangeliums ruft uns Erwachsene auf zu trösten, den in jedem Armen, in jedem Verdammten, in jedem Leidenden verborgenen Christus zu trösten. Aber wollten wir diese wunderbare Szene aus dem Evangelium auf das Kind anwenden, würden wir erkennen, dass Christus in Gestalt des Kindes allen Menschen zur Seite steht.

„Ich habe dich geliebt, ich bin des Morgens in dein Haus gekommen, um dich aufzuwecken, und du hast mich zurückgestoßen.“

„Aber wann denn, oh Herr, bist du morgens in mein Haus gekommen, um mich zu wecken, und ich habe dich zurückgestoßen?“

„Die Frucht deines Leibes, die kam und dich rief, war ich. Wer dich bat, ihn nicht alleinzulassen, war ich.“

Wir Toren! Der Messias kam zu uns, um uns zu erwecken und uns die Liebe zu lehren! Und wir glaubten, wir hätten nur die Laune eines Kindes vor uns.

Und so verloren wir unser Herz!

Ende des ersten Teils

Teil 2 und 3 erscheinen als Band 26 in dieser Reihe

Nachwort

„Erst in unseren Tagen ist in dieser seit Jahrhunderten gefühllos gebliebenen Gesellschaft abrupt ein neues Bewusstsein für das Schicksal des Kindes entstanden", schreibt Maria Montessori in ihrem Vorwort zu diesem Buch und präzisiert, „jetzt endlich, nach 30 Jahren des Studiums." Sie schreibt diesen Text 1950.

Maria Montessoris Leben und Werk sind vielfach beschrieben. Daher sollen hier zur zeitlichen Einordnung nur kurze Daten gegeben werden: Maria Montessori wurde 1870 in Chiaravalle in der Region Marken geboren und wuchs in einer kultivierten bürgerlichen Familie auf. Früh wollte sie Medizin studieren, eine an den meisten italienischen Universitäten nur Männern vorbehaltene Disziplin. Nach Umwegen und Überwindung größter Schwierigkeiten wurde sie als eine der ersten Frauen Italiens 1896 in Medizin an der Universität in Rom promoviert. Sie spezialisierte sich auf Kinderheilkunde und erweiterte 1901 ihre Studien um Anthropologie, Psychologie und Erziehungsphilosophie. 1907 übernahm sie die wissenschaftliche Leitung der Casa dei Bambini, einer Tagesstätte für Kinder aus sozial schwachen Arbeiterfamilien. Ihre Erfahrungen dort hielt sie unter anderem im vorliegenden Buch fest. Maria Montessori verstarb 1952 in Holland.

Privat hatte sich Maria Montessori in jungem Alter zwischen einem Leben mit ihrem Sohn, den sie allein hätte aufziehen müssen, und einer Fortsetzung ihrer wissenschaftlichen Arbeit zu entscheiden. Sie sorgte für eine warmherzige Familie, die ihren Sohn wie ihr eigenes Kind aufzog, während sie selber immer eine enge Verbindung zu ihrem Sohn hielt und seine Ausbildung überwachte. Erst spät erfuhr er, dass Maria Montessori seine leibliche Mutter war: Nach 40 Jahren konnte sie schließlich offiziell zu ihm stehen. Heute haben wir allen Grund, ihre Entscheidung dankbar anzuerkennen.

Hinsichtlich der Rechte des Kindes hatte das 20. Jahrhundert vielversprechend begonnen. Initiativen auf der Basis internationaler wissenschaftlicher Erkenntnisse waren bereits ab Mitte bis Ende des 19. Jahrhunderts entstanden. Hier seien neben Maria Montessoris Reformpädagogik und Steiners anthroposophisch ganzheitlichem Menschenbild aus der Vielzahl der Institutionen zum Wohl der Kinder und Jugendlichen beispielhaft noch die Pfadfinder und Sportvereine genannt.

In der NS Zeit wurden nach und nach alle Bewegungen dieser Art verboten oder vereinnahmt. Sie pervertierten zu straff organisierten Vereinigungen zur Einübung völkischen Bewusstseins. Wir glaubten bis vor einigen Jahren, diese Überzeugungen wären endgültig überwunden. Wir haben uns geirrt. Hüten wir die Grundrechte der Kinder, hüten wir ihr Recht auf freie Entfaltung ohne Indoktrinierung.

Heute steht Maria Montessoris revolutionäre Pädagogik längst außer Frage, auch manch zeitgemäße, notwendige Neuerungen haben sie in ihren Grundzügen nicht verändert. An ihrer praktischen Durchsetzung aber fehlt es oft heute noch, hundert Jahre später. Im Zeitalter der Massenmedien und der veränderten Lebensbedingungen sind es häufig die Eltern, die statt der individuellen eher die leistungsbezogene Entwicklung fördern, aus Sorge, ihr Kind könnte den Anforderungen der modernen Gesellschaft nicht gewachsen sein. So werden schon die Kleinsten mit Lernangeboten überhäuft: Freies Spiel erscheint als Zeitverschwendung. Das Ergebnis aber sind nicht etwa starke Persönlichkeiten, sondern „Kümmerversionen dessen, was aus ihnen hätte werden können", beklagt der Neurowissenschaftler Professor Gerald Hüther.* Händeringend würden Menschen gesucht, die selbständig dächten und teamfähig seien, die frühzeitig spielend gelernt hätten, mit sich und anderen umzugehen.

* Gerald Hüther, Uli Hauser, *Jedes Kind ist hochbegabt,* btb 10. Auflage; Lizenzausgabe vom Albrecht Knaus Verlag, München 2012.

Auch kleinere Initiativen ohne Lobby widmen sich diesem Ziel im Sinne Montessoris. Sie verdienen jede Unterstützung, denn natürlich brauchen auch sie Geld für ihr Weiterbestehen. Nach schwedischem Vorbild gibt es in Hamburg, einzig in Deutschland, seit 70 Jahren den „Verein Aktion Kinderparadies“. Vormittags werden gegen minimales Entgelt stundenweise Kinder auf ausgesuchten Spielplätzen betreut. Gemäß Montessoris Erkenntnissen werden hier im selbstbestimmten Spiel soziale Kontakte geknüpft, wird ein rücksichtsvolles Miteinander geübt. Eine großartige ehrenamtliche Arbeit. Trotzdem hat die Sozialbehörde die ohnehin schmale Unterstützung der Stadt für 2023 gestrichen. Nehmen wir alles achselzuckend hin?

Maria Montessori hat selbst herbe Enttäuschungen jeder Art erlebt. Sie hat Missachtung und Überheblichkeit von Institutionen und Kollegen ertragen, die kritisierten, ihr Ansatz sei wissenschaftlich nicht nachprüfbar und daher unverbindlich. Sie verbreite überdies esoterisches Gedankengut. Gerade Wissenschaftler aber, denken wir an Einstein*, haben in den letzten Jahrzehnten die überlieferten Ansichten zu einem großen Teil widerlegt.

* Albert Einstein: „Der intuitive Geist ist ein heiliges Geschenk und der rationale Verstand ein treuer Diener. Wir haben eine Gesellschaft erschaffen, die den Diener ehrt und das Geschenk vergessen hat.“, Aphorismen.

Heute sind Maria Montessoris Erkenntnisse über die Psyche des Kindes, das innere Kind, Allgemeingut geworden. Die Neurowissenschaftlerin Karolien Notebaert schreibt 2022: „Wir sind bei jedem Schritt unseres Weges vollkommen, aber nicht vollendet. Deshalb entwickeln wir uns kontinuierlich weiter und verändern uns.“* Geben wir dem Kind die liebevolle Unterstützung, die es benötigt. In der ungestörten Kreativität des Kindes den Geist, der es beseelt, sichtbar werden zu lassen, das sah Maria Montessori als ihre große Aufgabe an. Ihr Vermächtnis weiterzuführen, ist heute dringender denn je: Es ist das Versprechen auf eine lebenswerte Zukunft der Menschheit überhaupt.

Verzagen? Maria Montessori war von einem tiefen Vertrauen in eine schützende Allmacht getragen. Im Gedenken an diese großartige Frau soll die Hoffnung eines irischen Segensspruches unser Nachwort abschließen:

„Mögen die Grenzen, an die du stößt,
einen Weg für deine Träume offen lassen.“

CORDULA SCHEEL, JUNI 2023

* Karolien Notebaert, *Drei Tage, zwei Frauen, ein Affe und der Sinn des Lebens,* Wilhelm Heyne Verlag, München 2022.

Bibliophiler Rückblick

Die beiden Innentitel der Ausgaben sind in diesen Abbildungen zu sehen. Die italienische Ausgabe von 1950 (rechts) ist in Versalien gesetzt und weist eine Blindprägung auf, Details dazu auf der folgenden Seite.

Die deutsche Ausgabe (1952) wurde aus Marketinggründen statt mit „Das Geheimnis der Kindheit“ mit „Kinder sind anders“ übersetzt. Dies ist umso interessanter, da der italienische Originaltitel in Kursivschrift darunter steht. Mit ein wenig Lateinkenntnissen kann selbst ein Laie diesen Widerspruch erkennen.

MARIA MONTESSORI

IL SEGRETO DELL'INFANZIA

GARZANTI

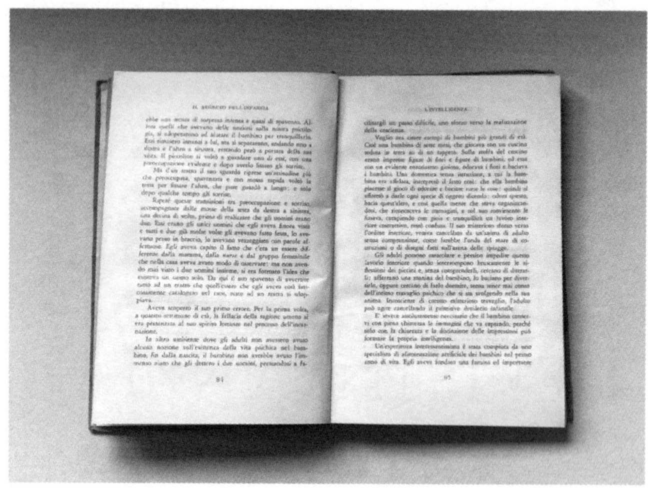

Oben: Eine Doppelseite aus dem italienischen Original zeigt einen großzügigen Satzspiegel und einen lebenden Kolumnentitel.

Die Prägung auf dem Buchinnentitel „S.I.A.E.“ lautet ausgeschrieben „Società Italiana degli Autori ed Editori“, in etwa: Gesellschaft der italienischen Autoren und Verleger. Sie steht nicht mittig, ist sehr gut zu fühlen und fällt daher auf.

MARIA MONT

IL SEGR
DELL'INF

Der italienische Halbgewebeband ist in einem beklagenswerten Zustand. Er wurde hundertfach in die Hand genommen, besteht aus eher minderwertigen Nachkriegsmaterialien und ist sehr abgenutzt. Die Rückenprägung mit zwei Zierleisten in Gold ist kaum noch zu erkennen.

Hingegen ist die zweifarbige Prägung „MM“ für Maria Montessori in Rot und Gold sehr gut zu erkennen und zu fühlen.

Inhaltsverzeichnis

Cordula Scheel

Autorin und Übersetzerin aus Hamburg.

1. Elisabeth Langgässer: Proserpina, 1932
2. Gorch Fock: Seefahrt ist not!, 1912
3. Walter Benjamin: Einbahnstraße, 1928
4. Robert L. Stevenson: Die Schatzinsel, 1883
5. George Orwell: 1984, 1948 (Neuübersetzung)
6. Felix Timmermans: Pallieter, 1916
7. Heinrich Mann: Die kleine Stadt, 1909
8. Christian Morgenstern: Palmström, Galgenlieder, 1920
9. Antje Thietz-Bartram: Die Weihnachtsuhr, 1988
10. Franz Kafka: Forschungen eines Hundes, Der Bau, 1922
11. Hannelore Valencak: Das Fenster zum Sommer, 1967
12. Elizabeth von Arnim: Bezaubernder April, 1922 (Neuübersetzung)
13. Franz Werfel: Eine blassblaue Frauenschrift, 1941
14. Arthur Schnitzler: Sterben, 1895
15. Irène Némirovsky: Ida, Im Rausch des Weins, 1934 (Neuübersetzung)
16. Virginia Woolf: Orlando, 1928 (Neuübersetzung)
17. Felix Salten: Bambi, 1923
18. Michael Krüger: Aus dem Leben eines Erfolgsschriftstellers, 1998
19. Grazia Deledda: Die Mutter, 1920 (Neuübersetzung)
20. E. T. A. Hoffmann: Meister Floh, 1822
21. Sigrid Undset: Jenny, 1911 (Neuübersetzung)
22. Friedrich Nietzsche: Moral, 1887
23. Karel Capek: Das Jahr des Gärtners, 1929
24. Gottfried Keller: Die missbrauchten Liebesbriefe, 1860
25. Maria Montessori: Das Geheimnis der Kindheit, 1950 (Neuübersetzung)

www.perlenderliteratur.de
Facebook, Instagram: @perlenbibliothek